ZEITTHEMEN

dietz berlin

Manfred Uschner

Die zweite Etage

Funktionsweise eines Machtapparates

Dietz Verlag Berlin

Uschner, Manfred: Die zweite Etage: Funktionsweise eines Machtapparates / Manfred Uschner. – Berlin : Dietz Verl. GmbH, 1993. – 158 S.

ISBN 3-320-01792-6

Reihengestaltung: Gerhard Medoch
Umschlagfoto: Dietz Verlag Berlin/Ewald
Printed in Germany
Satz: deutsch-türkischer fotosatz, Berlin
Druck und Bindung: Graphischer Großbetrieb Pößneck GmbH
Ein Mohndruck-Betrieb

Inhalt

Vorwort

> Das Gebäude des Zentralkomitees
> war ein Hochsicherheitstrakt
> der Macht
>
> *Heiner Müller, Krieg ohne Schlacht, Leben in zwei Diktaturen*

Als langjähriger Insasse dieses Hochsicherheitstraktes komme ich nicht umhin, dem Dramatiker und Zeitgenossen recht zu geben. Auch die Bemerkung des letzten Leiters der Sicherheitsabteilung dieses Hochsicherheitstraktes, Wolfgang Herger, ist zutreffend, daß es im Gebäude des Zentralkomitees und besonders auf seiner Führungsetage zuging wie am spanischen Königshof zu Zeiten Philipps II.

Hinter den dicken Mauern dieses Gebäudes verbarg sich schon immer die Macht: vor 1945 die Macht des Geldes (Deutsche Reichsbank) und nach der Wende zeitweilig wieder (neben anderen Institutionen auch die Deutsche Bank). Zwischendurch hatte hier fast vier Jahrzehnte eine ganz anders geartete Macht ihr spezielles Domizil, die eigentlich im Interesse des deutschen Volkes die Allmacht des Kapitals für immer brechen und eine alternative, sozialistische Lebensweise, allerdings eine nach ihrer Vorstellung, zum Siege führen wollte: die Parteiführung der SED, die regierende Staatspartei.

Welche ungeheure Macht dem Gelde anhaftet, weiß wohl ein jeder. Wie war es aber um die Macht jener kleinen Gruppe alter Männer bestellt, die als Mitglieder und Sekretäre des Zentralkomitees der SED ihre Büros und Arbeitsstäbe in dem außerordentlich streng bewachten Gebäude des ZK und innerhalb dieses Gebäudes wiederum in einer noch einmal besonders bewachten, von der Außenwelt praktisch abgeschlossenen »Führungsetage« unterhielten? Kraft kolossalen Geldbesitzes waren sie nicht dort gelandet. Auch besondere unternehmerische Kenntnisse konnte ihnen keiner nachsagen. Das Volk, ja, die eigene Partei hatte sie nie frei gewählt. Sie hielten sich fern vom Volk und ließen sich vor ihm unentwegt beschützen, im Interesse ihrer »Sicherheit«.

Ihr Bildungsniveau war sehr unterschiedlich. Mehrheitlich war es nicht sehr hoch, konnte es aufgrund der Herkunft und des Lebensweges nicht sein. Eine fachliche Qualifizierung, nachdem sie die Macht erlangt hatten, den Besuch von Weiterbildungskursen oder Schulen etwa, hielten sie für abwegig und für völlig überflüssig. Trotzdem hielten sich sich für allwissend und später auch für zunehmend unfehlbar. Sie betrachteten sich als den eigentlichen Souverän; sie waren Gesetzgeber und Justiz zugleich, sie waren gegen jede Rechtsprechung der staatlichen Organe immun. Sie fühlten sich nur dem Politbüro und dabei dessen führendem Mann oder dessen mächtigster Gruppe gegenüber verpflichtet.

Jene Männer, die mehrheitlich zwölf Jahre fern von ihrer Heimat, von Deutschland, und ihrem Volk gelebt hatten, leiteten nun von 1945 bis 1989 mit ihrem Bildungsstand nicht etwa nur eine Firma, ein größeres Unternehmen, nein, einen kompletten Staat, und das auf allen Gebieten. Woher nahmen sie, fast durchweg aus dem Kommunistischen Jugendverband und der KPD der Vorkriegszeit stammend, also ihre Macht? Nun, es ist heute für wohl jeden offensichtlich, daß ihnen die Macht *ver*liehen wurde, oder besser *ge*liehen wurde von der sowjetischen Sieger- und Besatzungsmacht auf dem Territorium Ostdeutschlands. Sie war nicht Ergebnis eines Aktes antifaschistischer Selbstbefreiung oder nationaler Selbstbestimmung gewesen. Die DDR war Frucht des Kalten Krieges, der langjährigen, aber nicht notwendigerweise immerwährenden Aufteilung Deutschlands unter die Siegermächte.

Die sowjetische Siegermacht brachte »ihre« deutschen Kommunisten sofort nach dem Ende der Naziherrschaft in alle Schlüsselpositionen, verschaffte ihnen Gebäude, Sonderrationen, Zeitungsredaktionen, Rundfunksender und Fahrzeuge. Sie stellte ihnen ständige »Berater« zur Seite, denn der oberste Herrscher blieb vorerst die Sowjetische Militäradministration.

Bei den zurückgekehrten KPD-Kadern handelte es sich im wesentlichen um solche, die alle Stalinschen Säuberungswellen und die Intrigen und Machtkämpfe in den eigenen Reihen überlebt hatten, in der KOMINTERN-Zentrale oder anderswo. Viele aufrechte Mitstreiter hatten nicht überlebt ... Waren es die Schlechteren, Unbeweglicheren, Unaufrichtigeren gewesen? Wer war »sauber« und wer nicht, waren es nicht verbrecherische Kräfte, die darüber bestimmten, oder war es nur ideologischer Fanatismus?

Die »Gruppe Ulbricht« und nachfolgende Gruppen überlebender kommunistischer Funktionäre brachten schon den Kern und die Grundstruktur des künftigen Parteiapparates der KPD mit: Rede- und Artikelschreiber, Materialauswerter, Nachrichten- und Militärexperten, Propagandisten und Kulturschaffende. Aus der Sowjetunion zurück kamen Pieck, Ulbricht, Mielke, Keßler, Hoffmann, Neumann, Ackermann, Sobottka und Werner Eberlein, Karl Maron, Otto Winzer und viele andere. Acht von ihnen wurden, zumindest zeitweise, Mitglieder des Politbüros, daneben wurden sie General- und Erster Sekretär, Vorsitzender des Staatsrates, Außen-, Innen-, Verteidigungs- und nicht zuletzt Staatssicherheitsminister. 1945 trafen sie und ihre Mitarbeiter auf ein daniederliegendes Deutschland voller Trümmer und Elend. Sie trafen auf ein Volk, das – ihnen völlig unbegreiflich und widerwärtig – Hitler zugejubelt und vertraut hatte, bis zuletzt ... Zwölf Jahre waren sie alle von Deutschland fortgewesen. Über das, was dazwischenlag, hatten sie nur aus internationalen Nachrichtensendungen und Zeitungen erfahren, nicht zuletzt aus dem »Völkischen Beobachter« und ähnlichen faschistischen deutschen Zeitungen.

Nie hatten diese KPD-Funktionäre schon vorher einmal in der Regierungsverantwortung gestanden. Machtausübung – die hatten sie in der sowjetischen, stalinistischen Ausprägung theoretisch und praktisch in reichlichem Maße vermittelt bekommen, als Theorie und Praxis der Diktatur des Proletariats und der führenden Rolle der Partei. Davon abweichende Nachkriegserklärungen der KPD erwiesen sich stets als zeitweilig und taktisch bestimmt.

In diesen stalinistischen Führungsapparat wurden als zweite Gruppe die kommunistischen Rückkehrer aus den deutschen Konzentrationslagern und Zuchthäusern eingegliedert, meist zunächst als Nachwuchskader der FDJ, der »Kampfreserve« der Partei. So erging es Erich Honecker und Hermann Axen, die Vorsitzender und Personalchef des Zentralrates der FDJ wurden und später mit anderen in Partei- oder Staatsfunktionen aufrückten.

Die dritte Gruppe der Nachkriegsführungsmannschaft der KPD und dann der SED kam aus westlicher Emigration zurück, wie Kurt Hager, Paul Verner, Paul Merker und Franz Dahlem. Sie wurden, obwohl meist hoch gebildet und nun den Westen oder die Welt überhaupt kennend, lange Zeit mit größtem Argwohn behandelt; Merker und Dahlem wurden bald kaltgestellt.

Fast alle Führungskader der Ulbricht-Ära kamen aus der KPD, mit Ausnahme von Otto Grotewohl, der bald isoliert wurde und früh starb, dem Berliner Oberbürgermeister Friedrich Ebert, nun auch schon geraume Zeit nicht mehr am Leben, und Erich Mückenberger, der selbst als Vorsitzender der Zentralen Parteikontrollkommission nicht viel zu sagen hatte und es bald nicht mehr wagte, ungerechte Anweisungen und Entschlüsse der Gruppe um Erich Honecker kritisch zu betrachten. Auch er machte schließlich alles mit, auch die vielen Ungerechtigkeiten gegen aufrechte Mitglieder und Funktionäre der eigenen Partei.

Die Mächtigen schufen sich nach sowjetischem Vorbild ein gigantisches Gebilde der abgeschotteten Lebensführung als Teil des zentralen Systems der Machtausübung und Machtsicherung. Da gab es zunächst die Wohnghettos von Pankow (»Städtchen«) und dann im Wald von Wandlitz hinter drei bewachten Sicherungsringen der Staatssicherheit, eigene Transportsysteme zu Lande, zu Wasser und in der Luft (Träger, Beschaffer und Unterhalter: die Staatssicherheit), die speziellen Versorgungs- und Betreuungssysteme (Versorgungsgüter, Wohnhäuser und Luxusdatschen, Bewacher, Fahrer, Hausgehilfen, Köche und Serviererinnen, Träger: die Staatssicherheit), das besondere Telefon-, Nachrichten- und Kuriernetz, Träger: die Staatssicherheit, das eigene Bunkersystem für den Ernstfall, errichtet und technisch unterhalten von Spezialeinheiten der NVA und der Staatssicherheit. Die traditionell enge Verzahnung von Partei- und Sicherheitsorganen in der Sowjetunion, unmittelbar nach der Oktoberrevolution von 1917 entstanden, unter Stalin maßlos pervertiert, wurde also auf die DDR genauso übertragen wie auf die anderen Länder des sowjetischen Machtbereichs.

Daneben gab es den eigentlichen Parteiapparat auf zentraler und lokaler Ebene, die eigenen Büros der Politbüromitglieder, die ihnen unterstellten Fachabteilungen, gab es vor allem die dem Statut nach eigentlichen höchsten Parteiorgane zwischen den Parteitagen: das Zentralkomitee als gewähltes Organ, die Zentrale Parteikontroll- und Zentrale Revisionskommission.

Doch die eigentliche Macht übten das vom ZK bestätigte Politbüro und das im ZK-Gebäude ansässige Sekretariat, bestehend aus zehn Politbüromitgliedern, aus. Sie hielten sich einen eigenen Arbeitsstab mit klar fixierten organisatorischen Verbindungslinien zu allen anderen Säulen und Elementen der zentralen Machtstrukturen.

Im ZK-Apparat selbst arbeiteten rund 3000 Mitarbeiter, alle technischen Kräfte, auch die parteilosen sowie die Nebeneinrichtungen mitgerechnet.

Nur rund 80 von ihnen arbeiteten in der zweiten Etage des ZK-Gebäudes, der mit schärfsten Sicherheitsvorkehrungen nach »außen« abgeriegelten »Führungsetage«. Das waren die Mitarbeiter des Büros des Politbüros, die persönlichen Mitarbeiter der einzelnen Büros der im ZK-Gebäude ansässigen Mitglieder des Politbüros und Sekretariats (25 an der Zahl), die Sekretärinnen, die Mitarbeiterinnen der Kaffeestube und der Etagenmeister.

Die »persönlichen Mitarbeiter« hatten ständigen Umgang mit ihren Chefs, arbeiteten ihnen im Rahmen festgelegter Aufgabenbereiche zu, einen oft sehr langen Arbeitstag auch an vielen Wochenenden. Sie mußten sich, wollten sie über die Runden kommen, auf die »Mächtigen« und ihre Eigenarten einstellen, vieles verdauen – oder auch nicht. Letzteres hatte unmittelbare Folgen. Die persönlichen Mitarbeiter und Sekretärinnen brachten teilweise Jahrzehnte an der Seite ihrer Chefs zu, die sich selbst nicht selten im kleinen Kreise sarkastisch, aber auch nicht ohne Eigenliebe »Halbgötter« titulierten. Die persönlichen Mitarbeiter begleiteten ihre Chefs auf Reisen. Im Laufe der Zeit bekamen sie sogar einen gewissen Einblick in das Familienleben der Oberen.

Im Urlaub oder bei Krankheiten waren die persönlichen Mitarbeiter gehalten, die Post und andere Materialien einmal in der Woche den Chefs vorzulegen und etwaige Weisungen mit zurückzunehmen. Nicht selten standen dafür die Flugzeuge der »Regierungsstaffel« zur Verfügung. Die persönlichen Mitarbeiter kamen an geheimste Dokumente und Informationen heran, ohne je, wie überall üblich, eine besondere Verpflichtungserklärung unterschrieben zu haben. Die Oberen waren sich absolut sicher, sie durch vielfältige Überwachungsmechanismen stets zuverlässig unter Kontrolle zu haben.

Ich selbst war 14 Jahre persönlicher, »wissenschaftlicher« Mitarbeiter bei Hermann Axen, begleitete ihn in viele Länder der Erde, war Zeuge vieler interessanter Zusammenkünfte und Gespräche, bekam einen sehr umfangreichen Einblick in den internationalen Tätigkeitsbereich von Partei und Staat. 1976 wurde ich sogar Sekretär der Außenpolitischen Kommission beim Politbüro, was zwar nichts weiter bedeutete, als die Vorlagen für die Sitzungen, meist Länder- oder Querschnittsanalysen des DDR-Außenministeriums, entsprechend einem vom Politbüro bestätigten Plan anzufordern, für den Vorsitzenden der Kommission, Hermann Axen, durchzuarbeiten und nach den Sitzungen ein Protokoll anzufertigen. Aber in den ziemlich offenen Disputen der Außenpolitischen Kommission bekam man einen beachtlichen Einblick in das Zusammenwirken der verschiedensten auf internationalem Gebiet tätigen Einrichtungen, vom Außenministerium und der Abteilung Internationale Verbindungen des Zentralkomitees bis zum Ministerium für Staatssicherheit, der militärischen Aufklärung und den Massenorganisationen.

Ich war dann – und das war meine bei weitem interessanteste und zufriedenstellendste politische Zeit – von seiten der SED Mitglied und einer der »Stabschefs« der Gemeinsamen Sicherheitspolitischen Arbeitsgruppe von SED und SPD von 1984 bis Anfang 1989, was mich Zeuge vieler interessanter Begegnungen und Gespräche werden ließ. Außerdem konnte ich einige Male allein und selbständig in der damaligen BRD auftreten. Dadurch lernte ich nicht nur neue Menschen mit ganz anderen Überzeugungen und Erkenntnissen kennen, sondern erwarb selbst neue Sichten. Das mußte damals an einem bestimmten Punkt die üblichen Folgen zeitigen.

Am 20. Februar 1989, ein knappes ¾ Jahr vor der »Wende«, wurde ich wegen »unverschämter Kritik an den führenden Genossen der Partei« fristlos entlassen. Auf einem STASI-Dossier, so erfuhr ich nach der Wende, soll gestanden haben, ich sei »der gegnerischen, der sozialdemokratischen Einflußnahme erlegen« gewesen. Schon lange vorher, ja über Jahre hinweg, hatte man mich immer wieder verwarnt und auch freundlich gewarnt. Schon im September 1988 erhielt ich bei einem Treffen in Stockholm den diskreten Hinweis, daß ich bald aus dem SED-Apparat entfernt werden würde.

Man nennt mich im nachhinein, wie kürzlich erst im »Spiegel«, einen SED-Reformer und SPD-Sympathisanten. War ich das, und wenn ja, wieso und in welcher Hinsicht, in welchem Umfange? Letzteres mag sein, für Reformen war ich auch, aber um ein »Reformer« zu sein, war meine Rolle zu unbedeutend. Ein großer Held war ich ganz sicher nicht, ich konnte es in den achtziger Jahren nur nicht mehr mit meinem Gewissen vereinbaren, entweder irgendeinem Parteitag oder grundlegenden Änderungen von unten oder außerhalb schweigend entgegenzuwarten, wie so viele andere. Deshalb begehrte ich auf, verändert habe ich allerdings damit nichts.

Wie konnte man überhaupt in die Nähe der »Mächtigen« kommen und so lange dort aushalten? Wie sahen deren Machtmechanismen aus, wie funktionierten sie? Welche Macht hatte der Apparat selbst; war sie wirklich so groß, wie sie von nicht wenigen nach 1989 dargestellt wurde, von der CDU/CSU bis hinüber zur so mühsam um wirkliche Erneuerung ringenden PDS? War sie aber tatsächlich so gering, wie viele ehemalige Spitzenfunktionäre, die sich nicht in die schweigende innere Emigration zurückgezogen haben, heute behaupten?

Will man die jüngste Geschichte eines Teiles Deutschlands wirklich sachlich und differenziert untersuchen, nicht nur aus partieller Siegermentalität, von nun opportunen ideologischen Sichten aus oder des parteipolitischen Kalküls wegen, sollte man wohl das noch vorhandene »Herrschaftswissen« in differenzierter Weise heranziehen. Insiderwissen wird helfen können, die Frage nach der Aussagekraft von Aktenbergen oder Aktenausschnitten zuverlässig zu beantworten.

Ich habe lange gezögert und mich gefragt, ob ich dazu einen kleinen, bescheidenen, aber vielleicht doch nicht uninteressanten Beitrag zu leisten vermag. 14 Jahre in der Führungsetage des ZK – da hat man schon eine Menge miterlebt, mitbekommen, mitgemacht, auch mitgestaltet.

Gewiß, ich kann Authentisches vorwiegend nur zum internationalen Bereich sagen, und das für die Zeit von 1968 bis Februar 1989. Ich habe die unmittelbare Vorwende- und Wendezeit schon »draußen« erlebt, allerdings nicht losgelöst von den zuverlässigen Informationen treuer Freunde.

Gleich nach der »Wende« vermittelte mir Jörg von Studnitz, einer der führenden Diplomaten in der Bonner Ständigen Vertretung in Ostberlin, in der Vorwende- und Wendezeit die Anregung, über meine Erlebnisse und Erfahrungen im »Vorhof der Macht der SED-Führung« ein Buch zu schreiben. Viele Bürger der BRD würden gern mehr darüber erfahren, wie dieser kleinere, von Anbeginn schwächere und abhängigere deutsche Staat so lange neben der reichen Bundesrepublik mit ihrer starken Gravitation auf die DDR-Bevölkerung habe überleben können, vor allem trotz der starrsinnigen alten Herren an der Spitze. Das müsse wohl zum großen Teil am Machtmechanismus und Machtapparat gelegen haben. Den aber müsse man unbedingt offenlegen.

Inzwischen ist die Zeit reifer geworden für eine differenzierende Betrachtungsweise, was sich als wichtig erweisen kann für eine seriöse Geschichtsschreibung. Auch 40 Jahre DDR werden bald ein immer weiter zurückliegender Abschnitt deutscher Geschichte sein. Wichtige Zeitzeugen sterben weg, andere können sich immer weniger an den tatsächlichen Ablauf des Geschehens erinnern. Auch »Leipziger Forum« und Enquetekommission des Bundestages bekommen das in gravierender Weise zu spüren: Etliche Politbüromitglieder sind verstorben oder schwer krank. Viele »Insider«, die zu reden begannen, sahen sich immer wieder durch Medienvertreter getäuscht, indem ihre Berichte verzerrt und entstellt, Haß statt Verstehen schürend, kolportiert wurden. Das führt immer mehr zu Verweigerungshaltungen. Zumeist sind sie verständlich in einem Klima politischer Ausgrenzung und Verfolgung.

Es gibt jedoch auch zunehmend Beispiele für einen differenzierenden Rückblick, ausgewogenere Berichte von Akteuren zumindest, die nicht nur die zum Teil mehr als beschämenden Rechtfertigungsversuche einer gescheiterten Parteiführung, sondern auch die Sichten von »Insidern« aus der »zweiten« und »dritten« Reihe des zusammengebrochenen Machtapparates einbeziehen.

Als ein Beispiel hierfür sehe ich den gerade im Verlag Neues Leben erschienenen Interviewband »ohnMacht – DDR-Funktionäre sagen aus« an, auf den im nachfolgenden an verschiedenen Stellen eingegangen werden soll. Hier kommen kluge Menschen zu Wort, die das hilflose Gestammel der früheren Politbüromitglieder bei ihrer letzten »Anhörung« durch die Schiedskommission der SED/PDS relativieren und entschlüsseln helfen. Allerdings wurden die Interviews Ende 1991 gemacht, der seitdem eingetretene zeitliche Abstand würde manche Aussage heute sicherlich beeinflussen und Einseitigkeiten beseitigen helfen. Die zu Wort kommenden Funktionäre beschreiben aber auch vor allem ihre *Ohnmacht*, was wiederum Handlungsauslassung rechtfertigen soll, ob bewußt oder unbewußt. Diese Funktionäre waren gewiß nicht ohne Macht. Ohne ihr »Treueverhalten« und die unter diesem Dach und ihrer Leitung vollzogene fleißige Arbeit von Tausenden Menschen hätte das System nicht lange weiterexistieren können. Sie bildeten doch das tatsächliche Machtgerüst auf den verschiedenen Sachgebieten!

Zwischen den Parteitagen war laut Statut das *Zentralkomitee* das höchste Gremium der Partei. Es wußte mehrheitlich Bescheid über den verhängnisvollen Kurs des Politbüros, spätestens seit 1985. Warum machte es bis 5 nach 12 im alten Stil weiter mit, obwohl so viele von ihnen »im kleinen Kreise« die Clique um Honecker und insbesondere Mittags zerstörerische Wirtschaftspolitik in aller Deutlichkeit kritisierten und einen baldigen Führungswechsel für unabdingbar hielten? War es wirklich nur die anerzogene Parteidisziplin, die Furcht, als »Fraktionsmacher« hingestellt zu werden oder »dem Feind in die Hände« zu arbeiten? Das Politbüro war doch schon lange nicht mehr homogen und voll handlungsfähig.

In der Tat: Warum fand keiner den Mut, die Abteilungsleiter, ZK-Mitglieder, Bezirks- und Kreissekretäre, vernünftige Leute in Schlüsselpositionen des Sicherheits- und Verteidigungsapparates, Veränderungen nicht nur im Freundeskreis zu diskutieren, sondern praktisch vorzubereiten? Warum stand keiner auf, als Anfang 1989 auf allen Ebenen ca. 20000 andere Parteifunktionäre durch »Anweisung von oben« aus ihren Funktionen entfernt wurden wegen ihrer Kritik an der Parteiführung? Warum wagte man es nicht einmal, die eigenen Mitstreiter und Freunde zu verteidigen, wenigstens zu ihnen Kontakt zu halten und so ein Zeichen zu setzen? So ganz allein wäre man doch gar nicht gewesen. Im Gegenteil, in der Partei rumorte es. Die Mehrheit der Mitglieder wollte selbst eine Wende, *in* und *mit* der Partei. Das hat jeder spüren können, ob er nun ZK-Mitglied oder Kreissekretär war. Warum wurde dieses enorme Potential der Reformwilligen in einem durch Gorbatschow und die Kontakte mit der SPD ja viel günstiger gewordenen internationalem Umfeld nicht einmal im Ansatz genutzt? Warum hat man zugelassen, daß über 60000 mutigere Parteimitglieder von Januar bis November 1989 aus der Partei ausgeschlossen wurden? Diese

Fragen fanden keine Beantwortung, selbst dann nicht, als schon Hunderttausende die DDR über Ungarn verließen, die totale »Machtabsicherung« also vor den Augen der ganzen Welt versagte. Alle wurstelten weiter, spielten nach außen hin wie seit Jahren das Märchen von des Kaisers neuen Kleidern, obwohl das Volk längst jeden Tag demonstrierte, daß es die Nacktheit des Kaisers längst erkannt hatte. Auch kluge, in der Bevölkerung Resonanz findende Funktionäre, eigentlich charakterlich und physisch starke Menschen schienen vor allem an die eigene persönliche Zukunft, an die »Risiken« für sich selbst in der wahrscheinlich nun anbrechenden neuen Zeit zu denken. Deshalb wurde die alte Führung und das nachfolgende Provisorium unter Krenz kurz danach von der *eigenen Parteibasis* gestürzt und nicht vom Neuen Forum oder anderen Bürgerbewegungen, aber auch nicht von den eigenen Funktionären, vom eigenen Apparat. Die Partei zählte zu diesem Zeitpunkt noch weit über zwei Millionen Mitglieder, die ihr mehrheitlich aus Überzeugung von der Richtigkeit des sozialistischen Ideals, nicht der »realsozialistischen« Wirklichkeit, angehörten. Die letzte Chance wurde im Herbst 1989, als alle noch in ordensgeschmückter Montur zu den Empfängen des 40. Jahrestages vorfuhren und den bestellten Jugendlichen beim Fackelzug Unter den Linden zuwinkten, in blamabelster Weise vertan. Es wurde ein Land, eine Partei, ein Ideal, der wichtige Versuch einer antikapitalistischen Alternative, es wurden die Hoffnungen und das Vertrauen von Millionen Menschen zu Grabe getragen. Sie werden dafür heute pauschal ausgegrenzt und als Anhänger eines »Unrechtsstaates« diffamiert.

Die DDR war wohl im Herbst 1989 nicht mehr zu retten, als das Dröhnen der sowjetischen Panzer wie 1953 ausblieb. Aber ein würdigerer Übergang in ein neues Gesamtdeutschland wäre meines Erachtens noch zu retten gewesen. Gorbatschow und dem sowjetischen Wegsehen beim Fall der Mauer die Schuld für den Zusammenbruch der DDR und des Warschauer Vertrages zu geben, könnte eine Art neuer Dolchstoßlegende schaffen, die den Zugang zur Einsicht in eigene Verantwortung leicht versperren kann. Man muß dem entgegenwirken.

Ich selbst erhielt im März 1992 den entscheidenden Anstoß, es doch selbst mit dem Aufschreiben zu versuchen. Während einer Rundfunkdiskussion bei »Sachsenradio« in Dresden über die künftige Tätigkeit des »Leipziger Forums« wollte ein junger Mann genau wissen, wie man überhaupt mit seiner Arbeit das gescheiterte Machtsystem so lange habe unterstützen können, gar als persönlicher Mitarbeiter von Hermann Axen. Bei allem Respekt auch für das schließliche Aufbegehren und den Rausschmiß im Februar 1989: Wie habe man das so lange durchhalten können, welche Biographie habe dazu geführt?

Wenn ich also nun doch schreibe, dann nicht unter dem Blickwinkel billiger Rechtfertigung oder mit der Absicht, zu verdrängen oder vertuschen zu helfen. Ganz im Gegenteil! Ich will auch keine Autobiographie schreiben. Davon gibt es genug, ich bin und war da auch nicht bedeutend genug. Aber auch kein langweiliges Sachbuch will ich vorlegen, daß nur von Experten in Bibliotheken hin und wieder aus dem Regal genommen wird. Ich will, ohne jede Schminke und Beschönigung, aufschreiben, wie ich und viele meiner Freunde das gescheiterte »realsozialistische Experiment«, sehr nah am Experimentiertisch stehend, erlebt haben.

Die »zweite Etage« ist nur ein kleiner Teil der zentralen Machtapparate in der DDR gewesen, gewiß aber nicht der unwichtigste. Das Geschehen auf der Politbüroetage ist nur zum Teil typisch etwa für den gesamten Parteiapparat der SED, der vieles nicht wissen konnte vor der »Wende«. Denn die »zweite Etage« war eine total »geschlossene Abteilung«. Aber gerade deshalb kann eine Ausschnittsbeschreibung Beitrag zur Erarbeitung eines Gesamtbildes von der SED, ihren Organisationsstrukturen und Machtmechanismen sein.

Bedingungslos ehrlicher Umgang mit unser aller Geschichte, zumindest der von noch mehr Bürgern unternommene Versuch hierzu, könnte doch vielleicht hilfreich sein. Es könnte *einer* der Wege sein, um aufeinanderzuzugehen, um die Integration des deutschen Volkes zu bewerkstelligen, um die drängenden und bedrükkenden Aufgaben des Heute und Morgen anzupacken, auch unter Einbeziehung früherer Funktions- und Verantwortungsträger, wie es von Wolfgang Schäuble und Lothar de Maizière im Dezember 1992 auf einer Tagung der »Deutschen Gesellschaft« verlangt wurde.

Wie gelangte man in die Führungsetage des SED-Politbüros, wie kam man wieder heraus?

Für diese Art von »Job«, wie man international sagen würde, konnte man sich nicht bewerben oder vermitteln lassen. Es gab demzufolge keine Annoncen, Ausschreibungen, öffentliche Auswahlverfahren, Anhörungen vor einem gewählten Gremium. Man wurde von Funktionären angefordert, von der Kaderabteilung und dem Ministerium für Staatssicherheit im weiten Umfeld überprüft. War das Interesse an einem »Kandidaten« aus arbeitsmäßigen Gründen groß und verliefen die Ermittlungen »zufriedenstellend«, dann wurde man selbst in das »Große Haus« beordert und vor weitgehend vollendete Tatsachen gestellt.

Die Parteioberen hätten den Begriff »Job« auch entrüstet abgelehnt. Aus ihrer Sicht ging es stets um eine Ehre, um eine ehrenvolle Verpflichtung und Berufung. Den »Auftrag der Partei« hatte man dankend anzunehmen. Jede andere Sicht wurde als Blasphemie empfunden und als parteifeindliche Haltung gewertet.

Das ergab sich schon aus der Entstehungsgeschichte des Parteiapparates, wie sie in der Einleitung bereits kurz angerissen wurde. Der Begriff »Apparat« wurde aus der sowjetischen Parteipraxis übernommen und sollte ein Gebilde von Menschen bezeichnen, das, nach bestimmten Kriterien ausgewählt, stets zuverlässig zu funktionieren hatte. Schaut man in »Meyers Großem Lexikon« nach, findet der Begriff »Apparat« unterschiedliche Erklärungen. Allgemein versteht man darunter ein Gerät, eine Vorrichtung, ein Zubehör, die Gesamtheit der zu einer Tätigkeit nötigen Hilfsmittel. Anatomisch gesehen ist »Apparat« ein Synonym für eine sich aus einer Anzahl verschiedener Organe aufbauende, höhere funktionelle zusammengehörende Einheit. Man kennt den Bewegungsapparat mit Skelett und Muskulatur und den höheren Steuerungsapparat mit Hirn, Rückenmark, Nerven- und Sinnesorganen, Hormondrüsen u. a. Technisch gesehen versteht man unter »Apparat« eine aus verschiedenen Bauelementen bestehende selbständige Einrichtung ohne regelmäßige zwangsläufige Bewegung ihrer Teile ...

Alle drei Definitionen enthalten Elemente, die man auf den Parteiapparat der SED anwenden könnte. Für die Gesamtstruktur der Macht in der DDR könnte man die verschiedenen Ebenen des Partei- und Staatsapparates als Skelett, die Mitgliedschaft als Muskulatur bezeichnen. Der höhere Steuerungsapparat, wo die Entscheidungen getroffen wurden, war das Politbüro mit einem durchschnittlichen, immer mehr nachlassenden Gehirn, immer mehr versagenden Nerven- und Sinnesorganen, die Staatssicherheit zunehmend das Rückgrat, die Beziehungen zu Moskau und zum Warschauer Vertrag die Hormondrüsen.

Meine eigene Erfahrung im Parteiapparat läßt aber mehr die Relevanz der technischen Definition hervortreten. Dieser Apparat bestand wohl aus unterschiedlichen Bauelementen, er war eine selbständige Einrichtung ohne zwangsläufige Bewegung ihrer Teile, was sich vor allem nach 1985 zeigte. Er war ein Zusatzgerät und Hilfsmittel der Machtausübung. Jeder einzelne Mitarbeiter wurde als Schräubchen angesehen und behandelt. Er hatte als Teil eines Ganzen zu funktionieren, war also »Funktionär«. Ein solcher Apparat sollte nach dem Willen der jeweiligen Benutzung, also der jeweiligen Parteiführung, auf Knöpfchendruck alle Anweisungen erfüllen, Informationen ausspucken und Reibungsverlusten rechtzeitig vorbeugen. Solch ein Gebilde könnte man geradezu als einen Automaten ansehen, der von den Abläufen der Zeit kaum beeinflußt wird, von Alterungs- und Verschleißprozessen einmal abgesehen.

Natürlich gibt es in der ganzen Welt bei Parteien, Regierungen, Gewerkschaften und verschiedensten Organisationen Verwaltungsapparate, die sich oftmals aus unkündbaren Beamten zusammensetzen. Da spielt dann ein Regierungswechsel überhaupt keine Rolle. Sogar die verschiedenen Karrierestufen sind meistens genau festgelegt, Gehaltserhöhungen und Pensionsalter. Das schafft soziale Sicherheit, produktive Gelassenheit und Souveränität, also eine größere individuelle Handlungsfreiheit, an der es dem DDR-Bürger so sehr mangelte und was ihm heute unter anderem das Leben so schwer macht.

Beim Parteiapparat der SED wie auch bei den Parteiapparaten

der »Bruderparteien« gab es zunächst einmal schon gar keine Unkündbarkeit, keinerlei Festlegung hinsichtlich kommender Rang- und Gehaltserhöhungen oder gar der Pensionsgrenze. Das war Absicht. Denn ein plötzlich selbständig denkender Parteiarbeiter wäre ja ein viel geringeres Risiko eingegangen, mutig gegen eine vorgegebene Linie aufzutreten, wenn er auch bei einer »Verabschiedung« sozial abgesichert gewesen wäre. Im Unterschied zu den westlichen Staaten gab es jedoch in den Partei- und Staatsapparaten der sogenannten sozialistischen Länder nur ein Entweder/Oder. Entweder man heulte mit den Wölfen mit oder man fiel bei »Unzuverlässigkeit« oder gar »Aufmüpfigkeit« ins soziale Nichts oder zumindest ziemlich weit hinunter. Das wußte ein jeder. Daraus erklären sich viele, heute zu Recht kritisierte Verhaltensweisen. Daraus mußte aber auch von Anfang an eine große Unsicherheit und schließlich auch Unzuverlässigkeit dieses Typs von Apparat resultieren.

Der Apparat muß veränderten Zeiten angepaßt werden

Als ich im Sommer 1968 Mitarbeiter der Abteilung Internationale Verbindungen des Zentralkomitees wurde, traf ich, vor allem in den Führungspositionen und im Bereich der Kaderabteilung, auf alteingesessene »Apparatschiks« mit ganz spezifischen Biographien und meist fest ausgeprägten, harten Charaktermerkmalen. Sie waren oft voller unübersehbaren Mißtrauens gegenüber Jüngeren, Anderen, Neuen. In diesem Punkt waren sich übrigens auch Ulbricht und Honecker völlig ähnlich. Die »Altkader« pochten auf *ihre Art* von Apparatarbeit, wie sie ihnen meist schon aus der KPD, dem Exil oder aus der antifaschistischen Widerstandsarbeit geläufig war. Für sie war unverrückbare Tatsache: Der Parteiapparat hat die Aufgabe, die von der jeweiligen Parteiführung beschlossene Linie kritiklos und mit ganzer Kraft durchzusetzen, in zugeordneten Zuständigkeitsbereichen ihre Verwirklichung zu kontrollieren, auftretende Probleme in »geeigneter Form« zu benennen. Einige erwarteten auch, Vorschläge für mögliche Problemlösungen in Zusammenarbeit mit den analogen Bereichen im Staatsapparat auszuarbeiten.

Vorrangige Kriterien für die Auswahl neuer Mitarbeiter waren vor allem die »Treue zur Sache«, die »Ergebenheit gegenüber der Partei«, das heißt gegenüber der jeweiligen Parteiführung, bedingungslose Disziplin und Vertraulichkeit. Hauptaufgabe der Kaderarbeit, die man heute als Personalpolitik bezeichnen würde, war ihrer Meinung nach daher, absolut zuverlässige, »klassen- und parteiverbundene« Parteimitglieder ausfindig zu machen, sie zunächst auf unterer Ebene zu »erproben« und schrittweise, je nach Erprobungsergebnis für höhere Funktionen »vorzubereiten«. Klassen- und parteibewußt zu sein hieß ihrer Meinung nach, ein klares Feindbild »gegenüber dem Imperialismus« zu besitzen, sich mit der Sowjetunion eng verbunden zu fühlen, gegenüber jedermann wachsam zu sein, bereit zu sein zur ständigen ideologischen Schulung, zu aktivem, uneingeschränktem Einsatz für die Systemerhaltung und Systemstabilisierung.

Fritz Müller, langjähriger Kaderchef des zentralen Parteiapparates der SED, ZK-Mitglied und 1. Sekretär der Parteiorganisation im Hause des Zentralkomitees, bezeichnete den Parteiapparat daher auch immer wieder als »obersten Kampfstab der Partei«, auf den sich die Führung zu jeder Stunde und in jeder Frage absolut verlassen können müsse. Wem »die Knie weich würden«, der habe in diesem Kampfstab nichts zu suchen. Verlangt wurden also uneingeschränkter Gehorsam, höchster Einsatz und Arbeitsbereitschaft. Um dieses zu gewährleisten, war ein ausgeklügeltes System der Bespitzelung und des Denunziantentums aufgebaut worden. Das Gesagte galt wohl für alle Abschnitte der Nachkriegsentwicklung, aber jeder Abschnitt hatte eben seine Besonderheiten.

Im ersten Abschnitt, 1945/46, ging es der KPD darum, ihren Einfluß in der gesamten sowjetischen Besatzungszone auszudehnen und zu festigen. Das war gar nicht so einfach. Nicht wenige KPD-Mitglieder waren nach 1933 bei den Nazis gelandet und somit nun »vorbelastet«. Der aus dem sowjetischen Exil mitgebrachte KPD-Apparat war zahlenmäßig sehr klein. Die aus KZ, Zuchthäusern und westlicher Emigration Zurückkehrenden waren auch nur nach Tausenden zu zählen. Viele von ihnen waren inzwischen schwer krank und nur noch zum Teil für eine politische Arbeit zu gebrauchen. Also wurden zunächst einmal Kontakte zu früheren Mitgliedern der KPD geknüpft, die den Zweiten Weltkrieg physisch unbeschadet überstanden hatten. Es wurden Freundeskreise reaktiviert,

Verwandte und persönlich Vertraute herangezogen. Die zu dieser Zeit in den Apparat Geholten mußten nicht nur das Mißtrauen der Exilanten und KZler überwinden, sondern auch die Überprüfung durch die sowjetischen »Organe«.

Die Kaderdecke der KPD blieb trotzdem dünn, Krieg und Faschismus hatten den Funktionärsbestand der KPD stark dezimiert. Trotzdem gelang es, mit Hilfe der sowjetischen Militäradministration und der örtlichen Kommandanturen die Schlüsselposten in den Kommunen und Vorläufern zentraler Organe zu besetzen. Eine große Rolle spielten das Aufspüren und Bestrafen von Kriegsverbrechern, Nazigrößen und Kriegsgewinnlern. Die Durchführung der Bodenreform, die Verstaatlichung der Großbetriebe und die Entnazifizierung der Verwaltungen standen im Mittelpunkt der Tätigkeit des KPD-Apparates. Viele der diesem Apparat Angehörenden leisteten vor Ort oftmals selbstlos Wiederaufbau- und Kommunalpolitik. Zugleich waren sie Stalin blind ergeben. Sie lasen seine Biographie und den »Kurzen Abriß der Geschichte der KPdSU« wie eine Bibel, zu der sie jeden bekehren wollten, von Kindesbeinen an. Sie waren überwiegend bereit, alle sowjetischen Erfahrungen unkritisch auf die deutsche Wirklichkeit zu übertragen. Der Kalte Krieg verstärkte ihr stark akzentuiertes Feindbild. »Bist du für uns oder für die anderen« war eine in jener Zeit tausendfach gestellte Frage. Die »Machtfrage« hatten die führenden Funktionäre der KPD und ihre Mitarbeiter längst verinnerlicht.

Als die sowjetische Siegermacht begann, die KPD allein für zu schwach zu halten, um den bürgerlichen Kräften in Deutschland Paroli zu bieten, schwenkte die KP schließlich auftragsgemäß auf den Kurs des Zusammenschlusses mit der SPD ein, der bekanntlich 1946 vollzogen wurde. Nun kamen auch SPD-Mitglieder und -Funktionäre in den »gemeinsamen Parteiapparat« der SED. Für eine kurze Zeit wurde hier sogar die vereinbarte Parität bei der Besetzung von Funktionen beachtet. Das war jedoch nicht sehr lange der Fall. Mit dem 1951 eingeschlagenen Kurs auf die »Partei neuen Typus«, dem für alle verbindlichen Studium des Marxismus-Leninismus und vor allem mit dem 1952 staatsstreichartig zur strategischen Linie erhobenen sozialistischen Aufbau wurden alle jene aus der SPD stammenden Kräfte aus ihren Funktionen verdrängt, die diesen Weg nicht mitgehen wollten, Widerspruch anmeldeten oder

der Dominanz der KPD-Funktionäre noch im Wege standen. Nicht wenige SPD-Funktionäre landeten in sibirischen oder deutschen Lagern, im Uranerzbau oder in der Braunkohle. Die Apparatschiks dieser Zeit waren im Grunde genommen mehrheitlich Stalinisten reinsten Wassers. Sie führten skrupellos und ohne jedes Zögern die Weisungen und Beschlüsse der Partei durch, obwohl bereits Millionen Bürger der jungen DDR das Land verließen. Das führte ganz wesentlich zur Isolierung der kommunistischen Spitzenfunktionäre und ihrer lokalen Vertreter in der Bevölkerung der DDR. Mittel- und Großbauern, die oftmals seit Generationen musterhafte Höfe ihr eigen nannten, sollten für den »Leninschen Genossenschaftsplan« Verständnis aufbringen und sich widerstandslos enteignen lassen. Der beginnenden Ausstrahlung des wirtschaftlichen Wiederaufbaus in der BRD wollte die SED in der DDR durch drastische Normen- und Preiserhöhungen beikommen. Die Folge waren die Ereignisse des 17. Juni 1953. Diese Ereignisse erschütterten den damaligen Parteiapparat schwer.

Walter Ulbricht hatte das militärische Eingreifen Moskaus geradezu provoziert. Anfang Juni 1953 übergebene sowjetische Forderungen, den Kurs auf den Sozialismus zu stoppen, Privatisierungen und Kollektivierung rückgängig zu machen, sich stärker den Forderungen der Arbeiter zuzuwenden und ein konstruktives Verhältnis zur SPD in Westdeutschland herzustellen, wurden bewußt ignoriert. Acht Jahre nach Beendigung des Zweiten Weltkrieges stand Moskau erstmals vor der Frage, den Sieg im Kriege wieder zu verspielen und dem westlichen System mit Auswirkungen auf das internationale Kräfteverhältnis das Feld zu überlassen. Die sowjetischen Panzer rollten, und Walter Ulbricht fühlte sich wieder sicher. Es kam nun zu Massensäuberungen im Partei-, Staats- und Sicherheitsapparat, bis in die Führungsspitze hinein. Vor allem wurden die aus der SPD stammenden Parteifunktionäre entfernt, von denen viele aus der Illusion heraus in die SED gegangen waren, das demokratische Erbe der SPD könne sich behaupten.

Damit begann eine zweite Etappe in der Entwicklung des Apparates, die der totalen ideologischen Gleichschaltung und »Säuberung«. Fünf Wochen nach dem 17. Juni wurde auf der 15. ZK-Tagung die angeblich »parteifeindliche Plattform« im Politbüro um Herrnstadt und Zeisser »zerschlagen«. Damit war das Szenarium vorgegeben, mit dem in den 50er Jahren Andersdenkende immer wieder unter Anklage gestellt wurden, die kapitalistische Herrschaft in der DDR wiederherstellen zu wollen. Bei jedem der nun folgenden Prozesse und Säuberungskampagnen mußten alle Parteimitglieder in stundenlangen Parteiversammlungen und dem dann eingeführten »Parteilehrjahr« die zu Unrecht Beschuldigten verurteilen und der Parteiführung »die Treue« bezeugen.

Diese Jahre führten zu schweren Verbiegungen vor allem bei jenen Funktionären, die sich willfährig an die Spitze jeder Kampagne stellten und dadurch aufrückten, auch und gerade im Parteiapparat der SED. Die Praktiken dieser Jahre schwächten den Einfluß der SED nach außen. Nach innen jedoch, in den Apparat hinein bewirkten die Auseinandersetzungen im Zuge Tausender Parteiverfahren, endloser Kritik- und Selbstkritikversammlungen Furcht, Unter- und Einordnung.

Der XX. Parteitag der KPdSU mit der Entlarvung der Verbrechen Stalins erschütterte die Parteiführung nur kurzzeitig und oberflächlich. Es wiederholte sich in gewisser Weise das trickreiche und verlogene Reagieren auf den 17. Juni 1953. Sie verkündete ihrem Apparat und ihrer Partei, daß die Linie der SED »richtig war und ist«, eine Fehlerdiskussion nicht zugelassen werden dürfe, »weil sie dem Gegner nütze«. Damit wurde am uneingeschränkten Herrschaftsanspruch der SED und der Verteidigung aller stalinistischen Praktiken festgehalten. Die historische Chance einer Demokratisierung der Partei und ihrer Organe war bald vertan. Anstelle einer Selbstbesinnung und eines demokratischen Neubeginns kam es zu noch stärkerer Verfolgung Andersdenkender. Das sollte wesentlichen Einfluß auf den Parteiapparat der SED bis zu seiner Auflösung 1989 haben.

Ende der sechziger Jahre begann jedoch ein neuer Entwicklungsabschnitt. Im Schutze der Mauer, aus den Erfahrungen der gefährlichen Raketenkrise 1962 in Kuba lernend, unter dem Einfluß sozialdemokratischer Ost- und Entspannungspolitik traten immer mehr die Fragen des friedlichen Wettbewerbs beider Systeme in den Vordergrund. Damit war zwangsläufig verbunden, daß man jüngere Fachleute heranziehen mußte. Alte KPD-Dogmatiker waren zum Teil weggestorben oder eigneten sich teilweise nur noch für Aufpasser- und Repräsentationsfunktionen im Partei-, Staats- und Sicherheitsapparat. Die neue Linie in der Kaderpolitik hieß plötzlich: »Durchmischung von alten und erprobten Kadern mit jüngeren Fachleuten«, die man natürlich noch »erziehen« müsse. Davon waren ja an den Ober-, Fach- und Hochschulen der DDR und des »befreundeten Auslandes« in den 50er und 60er Jahren genügend ausgebildet worden. So begann das, was vielen früheren Funktionsträgern als »Aktion Kaderklau« in Erinnerung geblieben ist. Jüngere Kader mit einem gewissen Maß an kontrollierbarer Flexibilität und Kreativität, mit einem höheren geistigen Niveau sollten gefunden und »eingegliedert« werden, aber so, daß sie die ihr geistiges Mittelmaß und ihre ideologische Indoktrinierung pflegenden Altkader in keiner Weise verdrängten.

Ganze Kommissionen durchreisten das Land, befragten die Leiter verschiedener Bereiche, durchforschten Hochschulen und Universitäten. Sie durchwälzten Stapel von Kaderakten und die publizierte Literatur. Natürlich wurden besonders die Kinder und Verwandten bewährter Funktionäre berücksichtigt. Aber auch Hinweise und Tips hinsichtlich des Bekanntenkreises oder in der Bevölkerung »ankommender« Genossen waren plötzlich gefragt. Manchmal geriet man über verschlungene Wege, durch puren Zufall oder direkten Irrtum in das Visier der »Kaderjäger«.

Bei der Suche nach »Experten« achteten die »Kaderjäger« weiter sorgfältig auf einen antifaschistischen Lebensweg, bei den jüngeren auf eine möglichst nichtbürgerliche Herkunft, ein frühzeitiges gesellschaftliches Engagement in den Nachkriegsjahren im Rahmen der Jungen Pioniere, der FDJ, der Gesellschaft für Deutsch-Sowjetische Freundschaft, des FDGB, in der Sportbewegung und in der Gesellschaft für Sport und Technik. Möglichst sollten sich in einem Lebensweg Parteilichkeit (im Selbstverständnis der Kaderleute) und fachliches Können paaren. »Fortschrittliche Arbeiterkinder« waren gefragt. Sie sollten entstandene Lücken im Apparat schließen bzw. ihn durch eine quantitative und qualitative Erweiterung auf eine Situation der DDR vorbereiten, wo sich diese national und international der internationalen Entspannungstendenz würde anpassen müssen.

Ich soll »Apparatschik« werden

So ereilte es neben vielen anderen ganz überraschend auch mich, und zwar im Sommer des ereignisreichen Jahres 1968. Man suchte in der internationalen Abteilung des ZK der SED einen zweiten Mitarbeiter für den Bereich »Politische Parteien in Lateinamerika«, also einen Lateinamerikanisten. Der war ich nicht. Das sollte aber keine Rolle spielen. Im ZK-Apparat hatte ein Mitarbeiter in der Zeitschrift »Deutsche Außenpolitik« einen Artikel von mir über die deutsche Lateinamerikapolitik gelesen. Irgendwie muß er daraus geschlossen haben, daß ich Lateinamerikanist bin. Ich konnte weder Spanisch noch Portugiesisch. Aber der betreffende Mitarbeiter hatte aus irgendeinem Grund einen Narren an mir gefressen und wollte *mich*. Das entschied alles.

Zunächst spürte ich, wie so viele Tausende Bürger der DDR bei solchen Gelegenheiten, für mich selbst unsichtbare Bewegung im Verwandten- und Bekanntenkreis. Da kamen unter allen möglichen Vorwänden und den verschiedensten Ausweisen »Beauftragte«, die das Umfeld des Kandidaten für eine neue Funktion sondierten. Bei mir war das seit Frühjahr 1968 der Fall. Ich war damals wissenschaftlicher Mitarbeiter am Institut für Internationale Beziehungen in Potsdam-Babelsberg auf dem Fachgebiet »Außenpolitik der BRD«. Die Arbeit machte mir Spaß. Ich glaubte, meine Lebensstellung gefunden zu haben.

Im Frühsommer 1968 wurde ich ganz plötzlich zu meinem Institutsdirektor, Prof. Dr. Kröger, bestellt. Er teilte mir mit, daß ich nur für drei Wochen eine »Urlaubsvertretung« in der Abteilung Internationale Verbindungen des ZK zu übernehmen habe. Es ginge um die Vorbereitung des Besuchs einer mexikanischen Parteidelegation. Einwände, daß ich dies nicht könne und andere, wichtige Arbeiten vor mir hätte, wurden beiseite gewischt. Es gehe ja nur um drei Wochen. So meldete ich mich etwas unbehaglich in der »Besucheranmeldung« Kurstraße des mächtigen ZK-Gebäudes, wo ich eine gelbe zeitweilige Einlaßkarte erhielt. Danach fand ich Platz in einem kleinen dunklen Zimmer, in dem auch Friedel Trappen, der Initiator meiner »zeitweiligen« Einstellung, saß. Er war leidenschaftlicher Lateinamerikanist und »Parteiarbeiter«, hatte aber über zwei Dutzend Länder und Parteien zu bearbeiten. Sein

Arbeitspensum war enorm angewachsen. Daß er in mir schon die Testperson für einen »zweiten Mitarbeiter« sah, durchschaute ich bald. Ich wiederum tat alles, um ihm deutlich zu machen, daß ich mich in der Atmosphäre des Parteiapparates nicht wohl fühlen würde. Man ließ mich danach auch für kurze Zeit an mein Institut zurückgehen. Aber alle meine Verwandten bekamen erneut »Kaderbesuche«. Wir alle ahnten, was dies zu bedeuten hatte. Und richtig, bald war es soweit. Mein Widerspruch hatte zwar Mißfallen erregt, aber einen anderen Kandidaten hatte man wohl absolut nicht gefunden.

So forderte mich ZK-Kaderchef Fritz Müller eiligst zum »Einstellungsgespräch« an; meine Institutsleitung war absolut ohnmächtig, wirkungsvoll etwas dagegen zu tun. Während des Gesprächs wurde von mir verlangt, für ein bis zwei Jahre auf dem Ländergebiet Lateinamerika zu arbeiten. In dreieinhalb Stunden kam ich nicht ein einziges Mal dazu, in Ruhe zu erklären, daß ich kein Lateinamerikanist und damit ungeeignet sei. In unvorstellbarer Schärfe wurde mir erklärt, daß ich der Partei den Dank für meine Ausbildung zurückzuerstatten und ihr zu dienen habe. Ansonsten müßte man davon ausgehen, daß ich mich vor Arbeit und Verantwortung drücke. Ein solch widerborstiger und undankbarer Genosse habe eigentlich schon das Recht verwirkt, weiter an seinem Institut zu arbeiten. Ich sollte meine Stinküberheblichkeit ablegen und meinen ganzen Lebensweg als Arbeiterkind noch einmal überdenken. Der sei doch, so habe man festgestellt, trotz einiger Ecken »im Prinzip ganz in Ordnung«.

Die Gedanken eilen zurück

Ach ja, mein Lebensweg – die Gedanken eilten weit zurück, während das Gespräch fortgeführt wurde.

Geboren wurde ich Pfingstsonntag 1937 als erstes von drei Kindern einer armen Arbeiterfamilie in Magdeburg – »Klein-London«. Düstere enge Hinterhöfe waren die Umgebung meiner ersten Kindheitsjahre.

Am 16. Januar 1945 erlebte ich als Siebenjähriger mit meiner drei

Jahre jüngeren Schwester Hannelore den schweren anglo-amerikanischen Bombenangriff auf Magdeburg. Als wir gegen 20.45 Uhr von Großmutter und Großvater in großer Hast geweckt und flüchtig angezogen wurden, stürzten bereits Zimmerdecken und die äußeren Häuserwände ein. Wir befanden uns mitten in einem flammenden Inferno. Auf den schmalen Hinterhof hinausstürmend, wurde unsere Großmutter von einer Phosphorbombe getroffen. Nur 10 bis 15 Meter von uns entfernt, verbrannte sie vor unseren Augen und Ohren, schreiend, von dem ihr treuen Schäferhund bis zur letzten Sekunde umsprungen. Großvater konnte nichts tun, riß uns Kinder durch die Hausdurchgänge auf die Straße und eilte zurück. Im Chaos der zusammenbrechenden Häuserwände verlor ich auch meine Schwester, traf sie erst in einem Bombentrichter an der vereisten Elbe in der Nähe des Magdeburger Finanzamtes wieder, in der sich der glutrote Himmel widerspiegelte. Am nächsten Tag bewegten wir uns durch das brennende Magdeburg über Berge von verbrannten Leichen. Rund 15 000 Bürger hatte Magdeburg in dieser Nacht verloren. Erst als wir die Wohnung unserer Großeltern mütterlicherseits am anderen Ende der Stadt erreicht hatten, löste sich der Schock. Stundenlang schrien und tobten wir, von den Erwachsenen festgehalten.

Dieses schreckliche Erleben hat sich für immer in uns eingebrannt. Nie bin ich davon losgekommen. Und es war der Schlüssel dafür, daß ich politisch wurde, politisch fragte, politisch handelte. Das bewog mich, bereits schon 1947 Mitglied der Kindervereinigung der FDJ und 1948 Junger Pionier zu werden. Bei antifaschistischen Kundgebungen auf dem Magdeburger Domplatz und im »Kristallpalast« rief ich als Kind mit bebender Stimme die Erwachsenen auf, einen neuen Krieg und neue Katastrophen nicht zuzulassen.

Hinzu kam, daß Vater und Mutter, die schon mit 16 Jahren Mitglied der SPD geworden waren und schlimme Jahre der Arbeitslosigkeit erlebt hatten, in der Magdeburger Altstadt die SPD maßgeblich mit aufbauten. Oft war ich in den verräucherten Parteilokalen dabei, wenn Vertreter von SPD und KPD heftig miteinander stritten. Wenn ich auch vieles noch nicht verstand, so hörte ich doch die gegenseitigen Kränkungen heraus.

Irgendwann, Anfang 1946, wurde mein Vater in die Magdeburger sowjetische Kommandantur am Fürstenwall bestellt. Er war voller

Angst. Wie er anschließend der Mutter erzählte, saß der KPD-Vorsitzende von Magdeburg-Altstadt schon dort. Beiden sei die Notwendigkeit »klargemacht« worden, daß die Verhinderung einer neuen faschistischen Entwicklung die Einheit der Arbeiterpartei erfordere. Vor allem Vater und Mutter und ihre politischen Freunde hatten große Probleme und hitzige Diskussionen, denn das Kräfteverhältnis SPD/KPD war in Magdeburg 5:1. Würde nicht letztlich aber die Tatsache ausschlaggebend sein, daß Magdeburg seit Sommer 1945 von sowjetischen Truppen besetzt war? Hinzu kam, daß Mutter und Vater vor 1933 erlebt hatten, wie sie bei Saalschlachten von Nazis und Kommunisten gemeinsam gejagt und geschlagen wurden.

Heftige Auseinandersetzungen gab es im Frühjahr 1946 auch im Magdeburger Land, doch im April wurde dann die SED gegründet. Vater gab eine kleine Baufirma auf und wurde »amtierender 2. Kreissekretär« der SED. Er kam ja aus der SPD. Deshalb blieb der Posten des 1. Sekretärs vorläufig vakant. Sein Ansehen wurde aber gebraucht, ja mißbraucht, denn schon auf der 13. ZK-Tagung vom 14. Mai 1953, als man »Lehren aus dem Prozeß gegen das Verschwörerzentrum Slansky« zog, wurde er mit fadenscheinigen Begründungen aus der Partei ausgeschlossen. Er verlor alle Parteiämter. Sein Mandat als Volkskammerabgeordneter wurde einfach gestrichen. Was ich erst 1992 erfuhr: Es war mein späterer Chef H. Axen, der am 15. Mai 1953 die Magdeburger SED auf »Linie« brachte, die durch den Sozialdemokratismus Uschners gefährdet worden sei.

Was man meinem Vater angetan hat, habe ich nie verwunden. Er war ein ehrlicher Sozialdemokrat, voller Energie und immer im rastlosen Einsatz für die Menschen. Seine Rehabilitierung 1956 sollte er nicht mehr lange überleben. Der Parteiausschluß meines Vaters, die Art und Weise des Vorgehens, ließen mich erstmals eine eigene, zur vorhergehenden Entwicklung entgegengesetzte Entscheidung treffen: Entgegen dem Rat meines Vaters, der meinte, man müsse zwischen Ideal und einzelnen verkommenen KPD-Funktionären unterscheiden, hielt ich alle fertigen Unterlagen für die Aufnahme als Kandidat für die SED zwei Jahre zurück. Mediziner oder Elektrotechniker wollte ich nun werden. Aber nach Stalins Tod 1953 wollten einige wohlmeinende Lehrer an meiner Internatsoberschule das mir unter Vorwänden zunichte gemachte Auslandsstudium wieder ausgleichen: Sie schlugen einem aus Potsdam-Babelsberg herbeigeeilten »Kaderjäger« vor, mich für den ersten Vierjahreslehrgang Außenpolitik (1955–1959) an der Akademie für Staats- und Rechtswissenschaften zu immatrikulieren.

So sollte ich nun Diplomat werden. Nach viereinhalbjährigem Studium am Institut für Internationale Beziehungen dieser Akademie nahm ich am 2. Dezember 1959 als »außerplanmäßiger Referent« meine Tätigkeit im Ministerium für Auswärtige Angelegenheiten auf. Als eine Art »Sputnik« durchlief ich die Protokoll- und Presseabteilung sowie das Referat »benachbarte Länder«.

Am 19. Januar 1961 wurde ich als »außerplanmäßiger Attaché« nach Budapest entsandt. Budapest – diese pulsierende Metropole war wie ein Traum. Unvergeßliche Eindrücke verbinden sich mit dieser Stadt, diesem Land und seinen Menschen in mir. Doch bald wurde ich per »Parteiauftrag« an mein altes Institut zurückbeordert. Man sah die internationale Anerkennung der DDR am Horizont dämmern, und ich sollte als Seminarlehrer bedeutend ältere »Kader« im Fach »Geschichte der Internationalen Beziehung ab 1871« begleiten.

Philosophievorlesungsreihen, das heißt »dialektischen und historischen Materialismus«, hatte ich während meiner Studienzeit gleich dreimal gehört: vor dem XX. Parteitag der KPdSU, kurz nach ihm und gegen Ende des Studiums. Immer in sehr unterschiedlicher Interpretation, mit neu selektierten Zitaten, aber immer von denselben Hochschullehrern. Das hat bei fast allen von uns tiefe Zweifel an »Allgemeingültigkeiten«, an »Gesetzmäßigkeiten« und der Zuverlässigkeit der »kollektiven Weisheit« der Partei hinterlassen. Man nahm künftig nicht mehr alles unkritisch und nahezu gläubig hin.

Nun aber sollte ich in einer Einrichtung arbeiten, die sich für die »Pflege und Verwaltung von Allgemeingültigkeiten« allein zuständig fühlte und die man hinter vorgehaltener Hand unter Intellektuellen die »Hauptabteilung Ewige Wahrheiten« nannte.

Meine Gedanken kehrten zur Gesprächsrunde zurück, in der ich mich gerade befand. Halb unbewußt nahm ich auf, daß die »Partei« bereits beschlossen habe, mich für einige Jahre in der Praxis, das heißt in der Abteilung Internationale Verbindung des ZK, einzusetzen. Eine Alternative gäbe es für mich nicht. Meine Institutsleitung habe man schon »überzeugt«. Eine Rückkehr an das Institut sei mir verwehrt. Sie sei aber später möglich. Während des Gesprächs wurde mir mehrfach angedroht, in die »Braunkohle« geschickt zu werden. Mein ganzer langer Ausbildungsweg sei dann umsonst gewesen. An meinem neuen Arbeitsplatz könne ich doch noch viel lernen. Außerdem würde ich viel in der Welt herumkommen und das während des Studiums Gelernte endlich wieder praktisch anwenden können.

So lenkte ich schließlich ein, widerwillig zwar, aber doch auch nicht ohne Opportunismus. Der Gang in die Braunkohle wäre sicherlich aufrichtiger gewesen, aber das Wegwerfen eines so langen Schulbesuchs war auch zu bedenken, wie mir Verwandte und Freunde nahelegten.

So wie mir ist es, wie ich weiß, in der Geschichte der DDR unzähligen Menschen ergangen. Wir waren Kinder der DDR, waren durch sie gefördert worden. Schließlich könnte ja eine Verjüngung in den Machtzentren auch Verhältnisse, Arbeitsbedingungen und allgemeine Atmosphäre zum Guten wenden, dachten viele von uns.

Man gab schließlich nach, aus Einsicht in die Ausweglosigkeit, aber auch, weil manche »Argumente« einleuchtend erschienen. Außerdem fühlte auch ich mich einem Staat verbunden, der für mich zumindest bei seiner Gründung antifaschistisch-demokratischen Charakter trug, eine Antwort auf westliche strategische Entscheidungen, Resultat des Zweiten Weltkrieges war und trotz aller Mängel, Rückschläge, Ungereimtheiten, Ungerechtigkeiten und fehlender Demokratie eine wirkliche Alternative zur kapitalistischen Klassengesellschaft mit Massenarbeitslosigkeit und Existenzangst zu suchen versprach. Eine totale Ablehnung der DDR als Staat hätte gewiß eher zu anderen Reaktionen geführt, auch bei geschlossener Grenze. Ich hoffte nicht allein, »unseren« Staat in Richtung reformsozialistischer Lösungen verbessern helfen zu können. Die Niederschlagung des Sozialismus mit menschlichem Antlitz in Prag konnte doch nicht die letzte Antwort der Geschichte sein. Auch solche Hoffnungen, so weiß ich heute, wurden gezielt ins Kalkül gezogen.

In der internationalen Abteilung des Zentralkomitees

Am 1. September 1968 nahm ich meine Arbeit als »Länderinstrukteur für Lateinamerika« in der Abteilung Internationale Verbindungen des ZK der SED auf. Die Abteilung wurde von Paul Markowski geleitet, der ebenfalls aus Magdeburg stammte, Dolmetscher gewesen war und durch seine Klugheit, sein Können und seine Flexibilität fast wie von selbst nach vorn gerückt war. Er war eng mit Werner Lamberz befreundet, der ebenfalls der Clique um Honecker, Mittag und Mielke und jeglicher Borniertheit ablehnend gegenüberstand. Paul Markowski verlangte vor allem fachliches Können, Weltoffenheit und gute Umgangsformen. Er und seine besten Freunde sollten auch mich stark beeinflussen.

Am 6. März 1978 kamen Lamberz und Markowski bei einem Hubschrauberabsturz in der libyschen Wüste auf grausame Weise ums Leben. Sie waren Hoffnungsträger vieler jüngerer, aufgeschlossen denkender und fühlender Partei- und Staatsfunktionäre gewesen. Die »Stern«-Reporterin Uta König, die am 2. Mai 1991 in ihrer Zeitschrift ausführlich darüber berichtete, will inzwischen in Moskau unbestreitbare Beweise, daß beide im politischen Auftrag umgebracht wurden, gefunden haben.

Werner Lamberz hatte ich 1972 beim Besuch einer hochrangigen DDR-Delegation in Kuba als umgänglich, freundlich und äußerst intelligent kennengelernt. Sein Umgangston war kameradschaftlich, seine Ausstrahlungskraft beachtlich.

Paul Markowski wurde von den Mitarbeitern seiner Abteilung geachtet und geehrt. Er war ein regelrechtes Arbeitstier, aber ohne jede Spur von tierischem Ernst. Er war von der kommunistischen Utopie angezogen, pflegte aber eine deutlich unorthodoxe Denkweise; vielen links-sozialdemokratischen Wertvorstellungen stand er sehr nahe. Er war weitblickend, scharfsinnig und scharfzüngig. 1964 Leiter der Abteilung Internationale Verbindungen geworden und Mitglied des Zentralkomitees, behandelte er seine Mitarbeiter stets von gleich zu gleich. Persönliche Kritik behandelte er auf diskrete Weise mit dem Betreffenden.

Paul Markowski beherrschte 8 Sprachen, besaß hervorragende Kenntnisse der Weltgeschichte, der internationalen Politik, Völkerkunde und Literatur. In vielen Ländern war er ein gesuchter und geschätzter Gesprächspartner nicht nur von Repräsentanten kommunistischer, sozialistischer und sozialdemokratischer Parteien, sondern von Staatsmännern jeglicher Coleur, gerade in der westlichen Welt. Auf eine gepflegte Gesprächsatmosphäre und die Einhaltung der protokollarischen Regeln legte er großen Wert.

Mit seiner hohen Intelligenz war er gleichzeitig sensibel und verletzlich, Stimmungsschwankungen zugeneigt. Er war allem Schönen im Leben zugetan, liebte geistreiche Konversation und war gern fröhlich. Gerade diese menschlichen Seiten machten wohl seine große Autorität aus. Er hielt absolut nichts von Schwarz-Weiß-Malerei und vergröberten Feindbildern, wie sie von der »Viererbande« um Honecker, Mielke, Mittag und Herrmann als ND-Chef in perfider und zugleich heuchlerischer Weise gepflegt wurde. Er sah die Dinge, wie sie waren, und sprach das in seiner großen Vertrauensseligkeit gegenüber den Freunden und Mitarbeitern der Abteilung auch aus. Er war alles andere als ein SED-Funktionär, wie er von manchen Blättern heute geradezu als »Monster« gezeichnet wird. Er war ein »stinknormaler Mensch« , empfand so wie andere Menschen auch. Aus seinem Herzen machte er keine Mördergrube.

Anfang der 70er Jahre kritisierte er auch in Dienstberatungen immer wieder die vereinfachte Weltsicht »unserer überalterten und halbgebildeten Parteiführung«, ihren Verlust an Realitätssinn. Wie auch Lamberz war er erleichtert gewesen, daß der VIII. Parteitag der SED mehr innere Freiheit, einen bessseren Lebensstandard und mehr Öffnung nach Westen verheißen hatte. Nun sahen sie, daß die notwendigen strukturellen Veränderungen in Wirtschaft, Wissenschaft und Politik ausblieben, daß die DDR immer mehr auf Pump beim »Klassenfeind« weit über ihre Verhältnisse zu leben begann. Wohin das führen mußte, war beiden klar.

Lamberz und Markowski hatten Honecker in den 50er Jahren im Apparat des FDJ-Zentralrates kennengelernt. 1971 erlebten sie, wie er im Komplott mit Breshnew W. Ulbricht von der Macht verdrängte, danach starrsinnig am alten Kommandosystem in der Gesellschaft festhielt, alle wichtigen Ämter an sich riß und einen Personenkult zuließ, der immer unerträglicher wurde.

Paul Markowski war ein Gegner jeglichen Personenkults. Er verurteilte, daß trotz der prekären Wirtschaftslage Hunderttausende

Berliner Bürger bei Staatsbesuchen immer wieder »Jubelspalier« bilden mußten und die vielen »Zwillingspärchen« der STASI-Jungs in Anorak und mit Handgelenktasche und Minischirm, die quer durch die Stadt ein besonderes teures Spalier bildeten. Die »Honeckerfeindlichkeit« der internationalen Abteilung des ZK der SED blieb selbst dem Hamburger »Stern« nicht verborgen.

Auf uns Mitarbeiter machte die offene, ehrliche und intelligente Art Paul Markowskis großen Eindruck, machte sie uns doch Mut, vieles andere, Unerträgliche zu relativieren und die Hoffnung auf Besserung nicht zu verlieren. Lange konnte es doch nicht mehr dauern, daß Leute wie Lamberz und Markowski einmal aufrücken würden, der eine vielleicht als Generalsekretär, der andere als nahezu »natürlicher« Nachfolger Hermann Axens!

Versuche der beiden, zu den positiven Ansätzen des VIII. Parteitages zurückzukehren, das scheinheilige Verhältnis zur Sowjetunion aufrichtiger zu gestalten, hätte Umkehr verlangt, eine andere Führung und einen anderen Machtapparat, vor allem im Sicherheitsbereich. Ein Erfolg solcher Menschen wie Lamberz, Markowski und anderer hätte für den Fortgang der Dinge in der DDR und überhaupt auf deutschem Boden weitreichende Folgen zeitigen können, obwohl die Umrisse des Abgrunds schon schemenhaft zu erkennen waren. Glasnost und Perestroika hätten vielleicht deutsche Ursprungsnamen erhalten können. Lamberz, Markowski und ihr Freundeskreis wußten aber nur zu gut, daß dies ohne Veränderungen in Moskau nicht zu erreichen war. Dort aber hatte man gute, zuverlässige Informationsquellen, die immer wieder auch Warnungen zukommen ließen.

Der Hubschrauberabsturz vom 6. März 1978 nahm der SED zwei ihrer talentiertesten Hoffnungsträger, die undogmatisch und unverbraucht waren. Der Tod von Lamberz und Markowski stärkte objektiv den Einfluß von Mittag auf Honecker und beließ Axen bis zum Ende der SED im Amt.

Im internationalen Bereich hatte allerdings Paul Markowski rechtzeitig eine kluge Personalpolitik betrieben und viele befähigte jüngere Leute rechtzeitig nachgezogen. Trotzdem ist die durch den frühen Tod von Lamberz und Markowski gerissene Lücke nie wieder geschlossen worden; sie sollte es wohl auch nicht.

Die Abteilung Internationale Verbindungen realisierte die praktische Arbeit in den Beziehungen zu mehr als 140 kommunistischen, sozialistischen, sozialdemokratischen und anderen Parteien und Bewegungen in aller Welt. Im Gegensatz zur sowjetischen Praxis wurden in der Tat große und kleine Parteien prinzipiell gleich behandelt, wenn auch den Beziehungen zu den »Bruderparteien« in Moskau, Warschau und Prag besonderes Gewicht beigemessen wurde. In enger Zusammenarbeit mit dem Außenministerium leistete sie zugleich eine eigenständige Länderanalysearbeit. Es gab Ländersektoren Sozialistische Länder, Kapitalistische Länder, Asien, Afrika und Lateinamerika und eine von Paul Markowski besonders geförderte »Wissenschaftliche Arbeitsgruppe«, auch Konsultantengruppe genannt. Diese Gruppe fertigte vor allem strategische Papiere an, hatte zu offiziellen Reden und Vorträgen Zuarbeit zu leisten, die gesamte Weltpresse auszuwerten, eigene Vorträge zu halten und zu publizieren. Den Ländersektoren kam es vor allem zu, die Entwicklung der jeweiligen Länder und Parteien gründlich zu analysieren, auf besondere Entwicklungen aufmerksam zu machen, Besuche und Besuchsreisen inhaltlich und protokollarisch vorzubereiten. Oft durfte man als »Sekretär« einer Parteidelegation oder auch »Volkskammerdelegation« mitreisen und war für den ordnungsgemäßen Programmablauf verantwortlich. Mit dem Außenministerium gab es eine ständige »Kaderrotation«. Manch ein Botschafter wurde nach Berlin zurückbeordert und konnte sich schon Tage später im Besucherbüro oder in der Personalabteilung des ZK eine provisorische Einlaßkarte als einfacher Mitarbeiter der Abteilung Internationale Verbindungen abholen. Viele von ihnen versuchten, sich zu wehren; es war fast immer ergebnislos oder brachte schwere berufliche Nachteile und den sozialen Absturz sowie die politische Isolierung mit sich. Man wurde an eine nachgeordnete Einrichtung ohne jedes Verfahren, aber mit schweren finanziellen Nachteilen strafversetzt. Passierte auch dort noch etwas, worüber die »Spezialisten« und der dortige zuständige Leiter sorgfältig zu wachen hatten, verschwand man oftmals für längere Zeit ganz von der Bildfläche. In den 80er Jahren konnte aber bei entsprechendem »Wohlverhalten« die Arbeit in der Abteilung »IV« auch Startrampe für Karrieren sein. So gingen immer mehr leitende Funktionäre dieser Abteilung als Botschafter oder Botschaftsräte ins Ausland. Hierfür gab es »Kaderentwicklungspläne«, aber auch Ad-hoc-Entscheidungen. Immer blieben die zu »Nomenklaturkadern« beförderten Funktionäre unter strikter Kontrolle des ZK, seiner Kaderabteilung und der entsprechenden Hauptabteilung Kader und Schulung des MfS.

Die Abteilung Internationale Verbindungen des ZK der SED zählte bald über 100 Mitarbeiter. Ob ihrer Reise- und Westlektüremöglichkeiten wurde sie von den Mitarbeitern anderer Abteilungen oftmals beneidet, als »Abteilung Internationale Verschwendung« diffamiert. So wurde sie auch von der Kaderabteilung des ZK und der zentralen Parteiorganisation mit besonderem Mißtrauen, ja, Argwohn beobachtet. In Personalunion stand in den 80er Jahren beiden ZK-Mitglied Fritz Müller vor, ein Mann mit stalinistischer Denkstruktur und kriecherischer Ergebenheit gegenüber Honekker, Mittag, Dohlus und Mielke, mit dessen Hauptabteilung Kader und Schulung er hauptsächlich bei der Überprüfung, Überwachung von »Kadern« zusammenarbeitete, »Schwachpunkte« ausmachte, Observierung veranlaßte und »Abschüsse« vorbereitete. Müller kümmerte sich persönlich um die Kader- und Parteiarbeit des internationalen Bereichs und griff nicht selten direkt in Entscheidungsprozesse ein. Er nahm an Parteiversammlungen und Leitungssitzungen teil, forderte regelmäßig detaillierte Berichte über alle »Vorgänge« an und leitete so manche Intrige ein.

Das besondere Mißtrauen gegenüber dem internationalen Bereich hatte viele Gründe, so die von Paul Markowski geschaffene offene und streitbare Atmosphäre, die sich ausweitende Reisetätigkeit der Mitarbeiter (die entsprechend einem Beschluß des Politbüros auf keinen Fall von der Stasi angeworben werden durften) auch immer öfter ins kapitalistische Ausland, der Zugang zu Westliteratur, Einladungen in ausländische Botschaften, Zugang zu besonders sicherheitsrelevanten Dokumenten und die äußerst fachbezogene Hochschulausbildung und Weiterbildung der Mitarbeiter, darunter nicht wenige Graduierte, die Ablehnung der dümmlichen Parteipropaganda durch alle Mitarbeiter ließ bei den Kader- und Sicherheitsleuten wohl nicht ganz grundlos den Verdacht aufkommen, daß bei diesen »jungen Leuten« mit »ihrem lockeren Mundwerk auch am Telefon« (!) der »Bazillus der Aufweichung« auf besonders günstigen Nährboden treffen könnte. Ihrer sozialen Herkunft nach waren die Mitarbeiter der internationalen Abteilung denen anderer

Fachabteilungen gleich oder ähnlich. Sie kamen aber nicht aus dem FDJ-Apparat, der Stasi oder der NVA, sondern von den Diplomatenausbildungsstätten in Moskau und Potsdam-Babelsberg, mit einem Diplom der Humboldt-Universität oder anderer Universitäten in der Tasche. Das alles entsprach nicht dem »klassischen KPD-Modell« vom »Parteifunktionär«. Mit zwangsverordneten Delegierungen an die Parteischulen, längst Promovierte und Professoren eingeschlossen, wurde ständig versucht, die »ideologische Zuverlässigkeit« zu testen und die Mitarbeiter, wie sich Hermann Axen immer wieder ausdrückte, »zu stählen«. Diese Schulbesuche hatten aber oftmals einen ganz anderen als den erhofften Erfolg zu verzeichnen.

Ich selbst hatte es 1972/73 erleben können, als die Kaderleute Paul Markowski gedrängt hatten, mich, wie viele andere aus unserer Abteilung schon vorher, endlich mal auf eine Parteischule zu schikken, möglichst nach Moskau. Die Entsendung nach Moskau konnte ich mit Hinweisen auf dringliche persönliche Probleme gerade noch sabotieren, die »Delegierung« an die Berliner Parteihochschule »Karl Marx« mit der allenthalben als besonders scharfe Altstalinistin verschrienen Hanna Wolf als Direktorin nicht. Paul Markowski holte mich und schärfte mir ein: »Du kommst da nicht drum herum. Wir auch nicht. Unsere Abteilung bremst schon die Parteischuldelegierungen, wo sie nur kann. Aber wir sind schon unter starken Druck geraten. Zieh das eine Jahr durch und halte ja dein lockeres Mundwerk!«

Das Leben an der »höchsten Bildungseinrichtung der Partei« übertraf nämlich meine schlimmsten Befürchtungen und alles, was mir von früheren Absolventen berichtet worden war. Sie erwies sich als das, wozu sie das ZK-Mitglied Hanna Wolf, Überlebende des »Hotel Lux« in Moskau, gemacht hatte: Sie war zu einer ideologischen Drill-, Sortier- und Säuberungsmaschine degeneriert, eine Erziehungsanstalt für erwachsene Menschen, die zum Teil bereits hohe fachliche Qualifikationen nachweisen konnten. Gerade diesen machte man schon nach kurzer Zeit klar, daß Doktoren- und Professorentitel gar nichts bedeuten im Vergleich zum Diplom über den Besuch der Parteihochschule. Dieses müsse man sich aber erst einmal »schwer erarbeiten«.

Dabei war der Ein-Jahr-Lehrgang noch relativ erträglich, waren doch viele schon in der Praxis erprobte und nachdenklich gewordene Leiter aus dem Partei- und Staatsapparat darin vertreten. Hier ging es manchmal sogar in Seminargruppendiskussionen ganz schön heiß her. Werner Lamberz und Gerhard Schürer als Vertreter der Parteiführung sowie Kombinatsdirektoren waren in Sondervorlesungen ziemlich offen in der Beschreibung der realen Lage. In unserem Lehrgang und vor allem meiner Seminargruppe waren auch nicht wenige Diplomaten vertreten. Für nicht wenige war der Parteischulbesuch Anlaß, grundsätzlich über die Partei und die in ihr herrschenden Zustände nachzudenken. Einige gerieten auch bald offen in Konflikt mit ihren Parteisekretären und Vorgesetzten und erfuhren zum Teil schwere Maßregelungen. Ein besonders gravierender Fall war Wolfgang Kiesewetter, einer der befähigsten Diplomaten der DDR, Botschafter in mehreren Ländern gewesen, den Hanna Wolf regelrecht fertigmachen ließ mit der fadenscheinigen Begründung, seine Frau habe mit einer Westberlinerin Kaffee getrunken.

Im Ein-Jahr-Lehrgang waren wir um eine kameradschaftliche, kulturvolle, aber auch das »Überleben« sichernde Atmosphäre bemüht. Es waren Minister und stellvertretende Minister unter uns, auch namhafte Wirtschaftsleute, denen ebenfalls in der »Nomenklaturakte« noch der Besuch einer Parteischule fehlte. Schlimmer war die Atmosphäre in manchen Seminargruppen der Drei-Jahres-Lehrgänge, wo die Funktionäre für mittlere Funktionen vorbereitet wurden. Hier gab es nicht wenige »Tausendprozentige«, Dogmatiker und Zuträger, die sich den Weg »nach oben« durch besonders stark zur Schau getragene Linientreue, aber auch durch Denunziation anderer erkämpfen wollten.

Nach einem Jahr Schülerdasein an der PHS empfand ich die Atmosphäre in der Abteilung Internationale Verbindungen als besonders wohltuend. Sie hob sich im Rahmen des gesamten zentralen Parteiapparates durch ihre relativ junge Zusammensetzung, den Bildungs- und internationalen Erfahrungsstand der Mitarbeiter, die Kontaktfülle zu Ausländern und zum Ausland, die kritische Sicht auf alles, was man sah, las und hörte, deutlich ab.

Hermann Axen, der Sekretär für internationale Fragen, wußte das, schätzte selbst hohe Bildung und fachliches Können, ohne das man ja die rasch anwachsende internationale Arbeit gar nicht bewältigen konnte. Er schätzte das Urteil von Paul Markowski sehr, der ihm im kleineren Kreis auch direkt und überzeugend widersprach. Die Nachfolger Markowskis, Winkelmann und Sieber, hatten es da schon schwerer. Winkelmann hatte es mit seiner sensiblen Art nicht einfach, gegen den manchmal sehr cholerischen Axen anzukommen. Der robustere, erfahrene Sieber, mit einem Hang zu Selbstironie und Sarkasmus, kam da besser zurecht. Beide aber waren bestrebt, den Geist Markowskis nach dessem tragischen Tod in der Abteilung wachzuhalten und zu pflegen.

Wenn die Frage nach der Macht der internationalen Abteilung gestellt wird, so war sie begrenzt. Sie hatte dem zuständigen Sekretär, dem Generalsekretär, dem Politbüro zuzuarbeiten. Man konnte sowjetische Partner »kontaktieren«, man konnte Informationen lenken, aber ein direktes Einwirken auf die Machtsituation in der DDR war ausgeschlossen.

Für mich waren die sechs Jahre in der Abteilung Internationale Verbindungen, davon fünf in ihrer wissenschaftlichen Arbeitsgruppe, außerordentlich lehrreich und auch produktiv gewesen. Es gab aber auch viele Situationen des Zweifelns.

Einerseits hatte ich in der Abteilung aufrechte, schweigsame ältere Frauen kennengelernt, die als Kommunistinnen 1933 mit ihren Ehemännern ins sowjetische Exil geflohen waren und dort zu Opfern der Stalinschen Politik wurden. Ihre Ehemänner wurden häufig zum Tode verurteilt. Sie selbst wurden nach dem Hitler-Stalin-Pakt an der neuen »deutsch-sowjetischen Grenze« von NKWD-Leuten an deren »Kollegen« von der Gestapo übergeben und ins KZ eingeliefert. Dort hatten nur wenige überlebt. 1945 von alliierten Truppen befreit, stellten sie sich sofort dem antifaschistisch-demokratischen Neuaufbau in der sowjetischen Besatzungszone zur Verfügung. Die »Sache« war ihnen wichtiger als alle erlittenen Ungerechtigkeiten. Sie waren ohne jedes Rachegefühl gegenüber der Sowjetunion und strahlten eine große Würde aus. Auch Werner Eberlein, ein immer fröhlicher Parteifunktionär, Spitzendolmetscher, Abteilungsleiter, dann Bezirkssekretär in Magdeburg und zuletzt Mitglied des Politbüros, hatte seinen Vater im sowjetischen Exil verloren und hielt trotzdem leidenschaftlich zur Sowjetunion und ihrer Politik. Das ließ uns Jüngere immer wieder zweifeln, ob wir tatsächlich recht hatten, wenn wir an viele Dinge, vor allem nach 1968, immer kritischer herangingen.

Aber man lernte ja auch ganz andere Typen von Parteifunktionären und ganz andere Verhaltensweisen kennen, die mehr als abstoßend waren, Funktionäre, die schon Jahrzehnte im Parteiapparat waren, nichts mehr veränderten, ja nichts mehr verändern wollten. Sie saßen in wichtigen Schlüsselpositionen. Das und die Erfahrungen an der Parteihochschule »Karl Marx« stürzten mich 1973/74 in eine Phase tiefer Resignation und Depression. Ich wollte unbedingt weg aus einem Milieu, in dem sich Heuchelei und Zynismus immer mehr breit machten. Ich wollte in die Wissenschaft zurück und bedrängte den Sektorenleiter für Kaderfragen, mir den Weg dorthin öffnen zu helfen, da ich sonst kündigen müsse. Er erklärte mir, daß letzteres gar nicht möglich sei, das Arbeitsgesetzbuch spiele doch im zentralen Parteiapparat absolut keine Rolle. Wer auch nur den Versuch unternehme, durch Kündigung auszubrechen, habe die allerschlimmsten Folgen zu erwarten, bis hin zum Entzug aller Graduierungen und Entsendung an »Schwerpunkte der materiellen Produktion«. Er sagte es mir in freundlich-verständnisvollem Ton, die selbst resignative Stimmungen verriet. Er wußte, wovon er sprach, hatte er doch die Macht der zentralen Kaderabteilung unter Fritz Müller und der mit ihr zusammenarbeitenden Hauptabteilung Kader und Schulung des MfS täglich zu ertragen und so manchen guten Mann »verabschieden« müssen.

Paul Markowski, der mich sehr mochte, erfuhr von meinen Absichten und war bemüht, sie mir auf kameradschaftliche Weise auszureden. In der Zeit der Allende-Regierung und nach ihrem Sturz hatte ich sehr eng mit ihm zusammengearbeitet. In seinem Kopf entstand eine andere Idee: Der langjährige persönliche wissenschaftliche Mitarbeiter von Hermann Axen mußte in Kürze aus gesundheitlichen Gründen ausscheiden. Axen suchte einen Ersatzmann. Paul Markowski sah, von den Interessen seiner Abteilung ausgehend, die Chance, einen »seiner« Leute als gewissermaßen vorgeschobenen Beobachter unmittelbar in die Nähe Axens, seines (vorläufigen?) Vorgesetzten zu plazieren, also eine perspektivische Entscheidung einzufädeln. Das gelang, weil Hermann Axen das Urteil Paul Markowskis stets sehr ernst nahm. So bereitete mich Paul Markowski in eindringlichen Worten darauf vor, mitzumachen und »hoch« ins Büro Axen zu gehen. Zwar würden Axen meine »Jugend« (ich war damals 37 Jahre alt) und Kader-Müller meine ungestüme Art nicht passen. Er habe sich aber durchgesetzt, und ich könne mit seiner Unterstützung jederzeit rechnen. Ich sollte eine möglichst enge Verbindung zur Abteilung halten. Ich würde viele Dinge frühzeitig mitbekommen, und das sei für die Abteilung nicht schlecht. Ich verstand, was er meinte, und bat um Bedenkzeit. Diese war nach wenigen Tagen um.

Ich wurde zu Hermann Axen »gerufen«, in dessen Zimmer schon Paul Markowski und Kader-Müller saßen. Man erläuterte mir den bereits gefaßten »Beschluß« des Sekretariats des ZK der SED, mich als »Nomenklaturkader« im Range eines stellvertretenden Abteilungsleiters und als zweiten, »wissenschaftlichen Mitarbeiter« von Hermann Axen einzustellen. Ich solle vor allem die ausländischen Zeitungen und Zeitschriften auswerten, an Entwürfen für Artikel und Reden mitarbeiten. Die praktischen, operativen und »inneren Fragen« würden weiterhin vom ersten Mitarbeiter, Helmut M., bearbeitet.

Hermann Axen, klein und korpulent, sehr agil, hatte ich in den sechs Jahren vorher nur zweimal auf Abteilungsberatungen und einmal beim Empfang einer Delegation aus Ekuador gesehen. Ihm ging der Ruf voraus, sehr streng, überaus fleißig, außergewöhnlich gebildet, sprachkundig, aber manchmal auch recht cholerisch zu sein. Sein Arbeitsstil sollte extrem chaotisch sein. Ich sollte ihn fast 15 Jahre lang kennenlernen. Daß es so lange dauern würde, bis ich die Führungsetage des Politbüros, allerdings mit einem kräftigen Tritt in den Hintern, wieder verlassen sollte, ahnte ich zu dieser Stunde nicht im geringsten.

Hermann Axen, der mich Wochen vorher mit dem Verfassen eines Artikelentwurfs beauftragt und so etwas »getestet« hatte, begrüßte mich sehr freundlich. Er nannte meine charakterlichen »Vorteile«, über die man ihm berichtet habe: Intelligenz, schnelle Auffassungsgabe, Produktion auch ungewöhnlicher Ideen, gute Fremdsprachenkenntnisse, annehmbare Formulierungsfähigkeiten. »Jugendlichkeit, mangelnde Parteierfahrung und auch in gewisser Weise -verbundenheit« (an dieser Stelle nickte Kader-Müller ganz heftig) wurden als Nachteile aufgezählt. Axen stellte noch einige persönliche Fragen, erwähnte jedoch meinen inzwischen verstorbenen Vater und die von ihm 1953 vorgenommene parteimäßige Abrechnung mit keinem Wort. Hatte er es vergessen, übersehen, oder wollte er etwas wiedergutmachen? Damals, 1974, schlug er mir einen recht »kulanten Pakt« vor: Ich könne und solle in nicht allgemein üblicher Spannbreite Ideen und Vorschläge produzieren. Das werde er auch mit dem Generalsekretär absprechen. Natürlich dürfe man nur im kleinen Kreise »nicht bestätigte Ideen« aussprechen. Aber man sei ja auf der Führungsetage. Neue Ideen würden überdies gebraucht. Er würde sowieso in jedem Punkt entscheiden, was ginge und was nicht ginge, denn er sei das Mitglied des Politbüros und wisse, was im Politbüro und Sekretariat an Linie entwickelt werde.

Ich beteuerte noch einmal, doch für diese Aufgabe zu jung zu sein und nicht geeignet. Die kritischen Bemerkungen seien alle berechtigt, und ich wolle doch endlich an mein oder ein wissenschaftliches Institut zurück. Axen, für den die Entscheidung längst als eine endgültige feststand, sagte immerhin zu, daß man darüber in 2 Jahren reden könne. Da könnte ich mich ganz auf ihn verlassen. Paul Markowski, der mir gegenüber saß, zwinkerte mir zu, so, als wollte er sagen: Bald arbeitest du auch hier bei mir. Das beruhigte mich deutlich, ließ mich aufatmen, denn da meldete eine neue, größtenteils andersgeartete Generation ihre Herrschaftsansprüche an, eine Generation, der ich altersmäßig und auch sonst sehr nahe war. Und das war es eigentlich, was meine Freunde und ich schon lange wollten. So mußte ich nach sechs Jahren Bilanz ziehen: Aus zwei Jahren in der internationalen Abteilung waren viel mehr geworden.

Die Arbeit in einer Fachabteilung schien übliche Vorbedingung, die »Durchlaufstrecke« dafür zu sein, auch auf der Politbüroetage arbeiten zu dürfen. Doch wie lange würde es dauern, bis ein Paul Markowski aufrücken würde und ähnliche SED-Funktionäre in anderen Bereichen auch, wodurch sich doch sicherlich vieles, was uns gegen den Strich ging, ändern würde? Keiner konnte es damals mit Gewißheit sagen. Daß aber die PB-Mitglieder, überwiegend immer mehr vergreisend, ihre persönlichen Machtinteressen so über die der Partei stellen würden, daß sie auf der Führungsebene praktisch zwei Generationen um die Chance des Aufrückens und Veränderns brachten, war damals für mich wie für viele andere in gleicher oder ähnlicher Situation unvorstellbar.

In der Führungsetage des Politbüros

Am 15. August 1974 begann meine Tätigkeit im Büro Axen. Ich war damit in der »zweiten Etage«, der Führungsetage im Gebäude des Zentralkomitees, angelandet. Trotz aller optimistischen Ratschläge Paul Markowskis bezog ich doch in recht bedrückter Verfassung ein kleines, dunkles Zimmer, schlauchartig geformt, mit einem Fenster zu einem der vielen Innenhöfe hinaus. Das Gefühl, das mich vom ersten Tage an beim Beschreiten der fast fensterlosen, künstlich beleuchteten und mit dicken Filzläufern ausgelegten endlosen Korridore befiel, sollte mich bis zu meinem Abgang nie verlassen. Hölzerne Doppeltüren mit Nummern, aber ohne Namensschilder ließen den Uneingeweihten nicht erkennen, wer denn dahinter sein Zimmer oder seine Bürotrakte hatte. Es war eine ungemütliche Atmosphäre des Isoliertseins, des Eingesperrtseins in einem durch hochgewachsene Offiziere des MfS streng bewachten besonderen Arbeitsghetto, so wie Wandlitz ein, wenigstens im Grünen gelegenes und mit einigem Luxus ausgestattetes Wohnghetto war.

Da im August 1974 alle anderen Mitarbeiter des Büros mit dem »Chef« in den Urlaub gegangen waren und ich gleich mit einer »Stallwache« zu beginnen hatte, konnte ich mich erst einmal umsehen, mir Schritt für Schritt das im nachfolgenden Kapitel beschriebene Labyrinth von Bürotrakts und fensterlosen endlosen Korridoren erschließen, auch die ersten »langgedienten« Mitarbeiter kennenlernen. Diese beschnupperten den »Neuen«, fühlten ihm ziemlich direkt auf den Zahn. Einige gaben auch »Hinweise« für die richtige »Verhaltensweise« ab, die eigentlich an Deutlichkeit nicht zu überbieten waren. Zunächst habe man erst einmal streng verschwiegen zu sein. Über die Angelegenheiten des eigenen Büros habe man nicht zu sprechen, nach denen anderer Büros nicht zu fragen. Sollte man diese Regel durchbrechen, käme das im Sekretariat zur Sprache mit entsprechenden Konsequenzen. Zwischen den Bürotrakten waren also zusätzliche, unsichtbare Mauern gezogen. In anderen Büros habe man sich nur mit Auftrag oder aus einer Funktion heraus aufzuhalten. Da ich nach einigen Jahren als »AGL-Vorsitzender« die Gewerkschaftsgeschäfte der Etage zu besorgen hatte (Urlaubsplätze, Kuren, Gesundheitszustand der Sekretärinnen, kulturelle Betätigung), war mir dieses also dann in gewissem Umfange möglich. Aber mit den Jahren, als sich die Probleme zuzuspitzen begannen, setzten sich auch andere Mitarbeiter einfach über die starren Regeln hinweg.

Sehr bald erkannte ich, daß die Mitarbeiter der zweiten Etage keinesfalls alle über einen Kamm zu scheren waren. Es gab solche und solche. Da gab es zunächst einmal die persönlichen Mitarbeiter, in »erste« und »zweite« Mitarbeiter unterteilt, die Sekretärinnen und technischen Mitarbeiter des Politbüros, alles in allem neben den zehn »Chefs« also rund 80 Mitarbeiter, die jederzeit Zugang zur »Etage« hatten. Als ich 1974 hier meine Arbeit aufnahm, war mein Eindruck, daß es sehr viele ältere Mitarbeiter gab, die schon seit Jahrzehnten im Apparat »dienten«, meist schon mit ihren Chefs von früheren Arbeitsbereichen her mitgenommen wurden, bei Hermann Axen etwa vom »Neuen Deutschland«. Sehr bald wurde es mir klar, daß man bei grober Einteilung etwa drei völlig verschiedene Gruppen von Funktionären vorfand.

Da gab es zunächst eine Gruppe, die größtenteils die »ersten persönlichen Mitarbeiter« stellte. Sie erhielten das höhere Gehalt, wurden in einem Dienstwagen gefahren und waren meist schon sehr lange im ZK-Apparat tätig. Als ich 1974 in die »Etage« versetzt wurde, handelte es sich mehrheitlich um Menschen zwischen 50 und 60 Jahren mit langjähriger »FDJ- und Parteierfahrung«. Sie kannten sich untereinander sehr gut schon aus der unmittelbaren Nachkriegszeit, stammten überwiegend aus der KPD oder kommunistischen Elternhäusern. Den 17. Juni 1953 hatten sie schon als Mitarbeiter des ZK (damals in der Pieckstraße/Ecke Prenzlauer Allee untergebracht), dem späteren Institut für Marxismus-Leninismus, erlebt und sprachen sehr oft immer noch recht irritiert darüber. Sie hatten sich auch da durch besondere »Parteitreue« und »Parteidisziplin« hervorgetan. Ihr Weltbild wurde weitgehend durch den Antifaschismus ihrer Familien oder auch ihrer Chefs beeinflußt, die aus

KZ oder Exil zurückgekehrt waren. Sie hatten den Stalinschen »Kurzen Abriß der Geschichte der KPdSU« durch Selbststudium und Parteischulbesuche regelrecht in sich eingesogen. Dafür war das Niveau der Allgemeinbildung bei einigen von ihnen ausgesprochen schwach. So erklärte sich auch die ausgesprochene Intelligenzfeindlichkeit dieser Funktionärsgruppe, ihr spießerhafter Lebensstil, ihre Angst, je in den Geruch zu kommen, etwas mit »Gruppen«- oder »Fraktionsbildung« zu tun zu haben. Diese Funktionärsgruppe hatte die »Machtfrage« regelrecht verinnerlicht und stellte stets *Parteilichkeit* über Wissenschaftlichkeit. Wissenschaftlich konnte nach ihrem Selbstverständnis nur sein, was parteilich war. Diese Parteilichkeit widerspiegelte sich u. a. in folgenden Postulaten:

– Die jeweilige Parteiführung als »oberste Instanz« hat immer recht. Sie verkörpert die »kollektive Weisheit« der Partei, ja, eigentlich die Partei selbst.

– Alle Geschichte ist die Geschichte von Klassenkämpfen. Diese finden in allen Bereichen zwischen Sozialismus und Kapitalismus statt. Im Klassenkampf hat man auf der »richtigen« Seite zu stehen und alles »Feindliche« energisch zu bekämpfen.

– Die alles entscheidende Frage ist die Machtfrage, die Absicherung der »führenden Rolle der Partei der Arbeiterklasse«, womit viele, ob bewußt oder unbewußt, die Parteiführung und ihren »Apparat« meinten.

– Der »Feind« ist noch stark, besonders der BRD-»Ausnahme«-Kapitalismus; letztlich wird die DDR aber gemeinsam mit ihren »Verbündeten« obsiegen.

– Der Kapitalismus ist dem Untergang geweiht, er ist konzeptionell, wirtschaftlich, sozial und politisch dem Ende nahe.

– Die Existenz der DDR ist für immer durch die Sowjetunion garantiert. Je mehr Zeit vergeht, entsteht in der DDR eine sozialistische deutsche Nation. Die Nationalität ist deutsch.

– Marx, Engels und Lenin (für einige bis zuletzt insgeheim auch Stalin) geben der Politik der Partei auf lange Sicht eine stabile theoretische Grundlage.

– Die ideologische Arbeit ist das »Herzstück« der Parteiarbeit. Richtig betrieben, sichert sie die Unterstützung der Massen.

Diese Denkschablonen drückten dem gesamten persönlichen Verhalten der genannten Funktionärsgruppe ihren Stempel auf. Da war kein Platz für Innovation und Kreativität. Eigenes Denken und selbständiges Handeln waren suspekt. Kritische Bemerkungen wurden als Kritikastertum und gefährliche »Fehlerdiskussion« verunglimpft. Da war man schnell ein »Meckerer«, einer, »dem die Knie leicht weich werden«.

Diese persönlichen Mitarbeiter waren ihren Chefs bedingungslos ergeben. Nahmen sie an offiziellen Gesprächen teil, äußerten sie sich niemals und nickten den Ausführungen ihrer Chefs unentwegt zustimmend zu. Sie zeigten ein stets interessiertes Gesicht und machten sich ununterbrochen Notizen. So stieß ich schon bald auf heftige, aggressive Kritik, als Frau Menge in »Die Zeit« vom 8. August 1986 nach einem Gespräch von Redakteuren der Zeitschrift mit H. Axen und anderen Personen geschrieben hatte: »Die Mitarbeiter unserer hohen Gesprächspartner saßen meist stumm neben ihren Chefs, redeten nur, wenn sie von ihnen gefragt wurden. Eine Ausnahme war der Mitarbeiter von Politbüromitglied Hermann Axen, der sich selbstbewußt einmischte.« Solche »Auffälligkeit« war nicht gut für mich, und viele, von denen ich es nicht gedacht hatte, ließen mich Gekränktheit und Mißgunst spüren.

Nicht alle »ersten« Mitarbeiter waren zu dem genannten Funktionärstyp zu zählen. Es gab natürlich Ausnahmen. Neue Politbüromitglieder und Sekretäre des Zentralkomitees brachten wiederum ihre eigenen, ihnen vertraute persönliche Mitarbeiter mit, wie etwa Felfe, Krolikowski und Krenz. Hier traf man bereits auf etwas jüngere Funktionäre, die der ersten Funktionärsgruppe nicht oder kaum zuzurechnen waren.

Die »ersten persönlichen Mitarbeiter« waren überwiegend zuständig für: die innenpolitischen Fragen, die Wirtschaftsfragen, Kaderfragen, die Verbindung zu den Fachabteilungen und Verwaltungseinrichtungen des Hauses sowie die Beantwortung der Bevölkerungspost. Sie begleiteten ihre Chefs zu den sorgfältig vorbereiteten Show-Besuchen in Betrieben und im »Wahlkreis«. Sie wußten um die vielen, von den örtlichen Funktionären errichteten Potemkinschen Dörfer für solche Gelegenheiten: Da wurden »hervorragende Arbeiterpersönlichkeiten« beim Betriebsrundgang rechtzeitig in »Position gebracht«, besonders »eindrucksvolle« Fahrtrouten ausgesucht, über Nacht einzelne, für eine »Stippvisite« vorgesehene Neubauwohnungen renoviert, herumliegendes Schienenmaterial

z. B. einfach untergebaggert, Parkanlagen erweitert usw. Vor Honeckers Auftritten in einzelnen Großstädten wurden rasch die Straßen repariert, Autobahnabschnitte ausgebessert (worüber sich die Leute wirklich freuten). Es wurden ihm Häuserfassaden mit Restauranteingängen vorgeführt, hinter denen nichts lag, außer Bauschutt.

Die »ersten Mitarbeiter« stellten auch auf der Grundlage der »streng vertraulichen« Monats- und Jahresberichte der Statistischen Zentralverwaltung (zuletzt trugen sie den Stempel »Geheime Kommandosache«) für den Chef eine Kurzübersicht zusammen (in einzelnen Büros, wie im Büro Honecker, kümmerte sich der »zweite« Mitarbeiter um die Ökonomie und war dabei zunehmend darauf aus, auf »kritische Dinge« aufmerksam zu machen). Meist ließen die »Ersten« das weniger »Rühmenswerte« ganz weg oder führten »negative Fakten«, zum Beispiel zu Versorgungsfragen, erst am Schluß der Übersicht in knapper Form an.

Die »Ersten« lasen auch die wichtigsten Zeitungen der BRD und werteten sie für das betreffende Politbüromitglied aus. Da war es wichtig, nichts zu übersehen, wo der »Chef« erwähnt wurde, zumindest war es im Büro Hermann Axens so. Mildes Lächeln war der Dank bei freundlicher Erwähnung, bissige Bemerkungen über die »bürgerliche Hetzpresse« oder »nicht richtige Darstellungen« in der eigenen Presse bei »mangelhafter« Benotung. Zu beobachten war auch, wie die Politbürokollegen erwähnt wurden. Hier war es umgekehrt: Kritische Bewertungen wurden nicht selten grinsend zur Kenntnis genommen, »zu positive« mit Mißfallen und Mißgunst bedacht.

Eine zweite Funktionärsgruppe, deren Mitglieder in einigen Fällen durch Beschluß des ZK-Sekretariats als »wissenschaftliche Mitarbeiter« eingestellt worden waren, wie in meinem Falle, bildeten doch mehrheitlich einen unübersehbaren Kontrast zu der zuerst beschriebenen Funktionärsgruppe. Auch diese Mitarbeiter verfügten über sozialistische Grundüberzeugungen. Sie hatten aber in der Regel einen ganz anderen Entwicklungweg hinter sich, kamen teilweise aus sozialdemokratischen familiären Traditionslinien, hatten Abitur, Staatsexamina oder eine Promotion vorzuweisen, waren ausgebildete Fachleute der Industrie, Landwirtschaft, Kultur und Wissenschaft oder der Außenpolitik. Die meisten »zweiten« Mitarbeiter gehörten zu dieser Gruppe, aber auch einige der nachgerückten ersten Mitarbeiter. Diese Mitarbeitergruppe arbeitete meistens ihren Chefs die Artikel- und Redeentwürfe zu, fertigte Analysen an oder arbeitete an solchen mit, trat selbst mit Publikationen und Vorträgen an die Öffentlichkeit, stellte sich einem kritischen Publikum.

Dabei gab es zwischen den einzelnen Büros Unterschiede. Etliche Büros ließen sich von den ihnen »unterstellten« Fachabteilungen die »1. Entwürfe« ausarbeiten, andere ließen das gleich ihren eigenen »Ghostwriter« erledigen. Im Büro Honecker war es anders, der erste Mitarbeiter und spätere Staatssekretär und »Leiter der Kanzlei des Vorsitzenden des Staatsrates«, F. J. Herrmann, schrieb die entscheidenden Rede- und Artikelpassagen E. Honeckers, war sozusagen der »erste Ghostwriter«, der zweite arbeitete die wirtschaftspolitischen Passagen zu.

Jünger an Jahren, also sehr viel später und unter ganz anderen Bedingungen Mitglied der Partei geworden, erst in den 60er und 70er Jahren in den Parteiapparat geraten, so gut wie nie für Wahlfunktionen auserkoren, waren die Mitarbeiter der zweiten Funktionärsgruppe in ihrer Arbeit trotz der »Planmäßigkeit« und Starrheit des Apparates flexibler, aufgeschlossener, menschlicher. Sie machten ihre Arbeit auf sachliche und sachbezogene Weise, waren bestrebt, zu sich selbst und anderen ehrlich zu bleiben. Sie bemühten sich, das »parteichinesische Phrasendreschen« zu reduzieren und selbst zu vermeiden. Durch ihr unvoreingenommenes Herangehen an das, was sie – in privilegierter Weise – lesen durften, ihr eigenständiges Auftreten bei vielen Vorträgen im Lande, ihren anderen Lebensstil gelangten sie früher oder später zu anderen Beurteilungen der Realitäten in der Partei, in der DDR, in Europa und in der Welt. Sie hatten eine gesündere Sicht auf das Verhältnis zwischen Parteilichkeit und Wissenschaftlichkeit, was zu anderen Schlußfolgerungen führen mußte und sie – zumindest für sich und im Freundeskreis – die Frage nach den Konsequenzen stellen ließ, besonders unmittelbar nach Helsinki und dann mehr als je zuvor mit Gorbatschow. Sie fühlten sich als Sozialisten, nicht als »Reformkommunisten«, ein heute gängiger Terminus in der Diskussion zur sachlichen und ehrlichen Aufarbeitung der Geschichte der DDR und des »realen Sozialismus«. Hatten sie den VIII. Parteitag der

SED mit Hoffnung auf Liberalisierung begrüßt, lehnten sie die Rückkehr zu den Thesen des angeblich so nahen Kommunismus auf den nachfolgenden Parteitagen ab. Sie erkannten die verheerenden Folgen, die von einer überalterten und indoktrinierten Parteiführung ausgingen, sprachen auch mit ZK-Mitgliedern und anderen gewählten Funktionsträgern darüber, sahen aber vorerst keine Chance, selbst Veränderungen an »der Spitze« herbeizuführen.

Da gab es auch noch eine andere, eine dritte Gruppe von Funktionären, die man als »Mischtyp« bezeichnen könnte und die zahlenmäßig recht stark war. Diese Gruppe hatte wohl mitbekommen, was 1956 geschah, 1961 und 1968. Sie glaubte längst nicht mehr an die Unfehlbarkeit einer vergreisenden Parteiführung, an das, was offiziell verkündet wurde, sie tat aber nach außen so – aus Selbsterhaltungstrieb und mit Rücksicht auf die Familie oder den Freundeskreis. Diese Gruppe handelte pragmatisch, immer »abgesichert«, immer bemüht, nicht aufzufallen und anzuecken. Gelegentliche Anmerkungen ließen Frust und Zynismus erkennen. Hinsichtlich der Realisierung eigener persönlicher Interessen war diese Gruppe der zuerst genannten ähnlich. Hinsichtlich der geistigen Fähigkeit, »Durchblick« zu erwerben, kam sie der zweiten Gruppe nahe, der sie insgeheim, vor allem nach 1985, auch ihre Sympathie bekundete.

Auch das nahm oftmals skurrile Züge an. Man traf sich zu zweit, höchstens zu dritt (gängiger Sarkasmus nach 1985: bei über zwei Zusammenstehenden beginnt die Verschwörung!) auf der Toilette der Politbüro-Etage, schaute zunächst in die Kabinen, ob sie frei waren, und benutzte dann einen regelrechten Gestikcode: Mit einem Griff zum Knie war der beinamputierte Mittag gemeint, ein nach oben erhobener Finger bezeichnete den Generalsekretär, der Griff an die Stirn Gorbatschow, das Streichen über den Bauch Axen usw. Keiner hatte diesen Code vereinbart. Er war plötzlich da, denn daß Abhörelektronik überall eingebaut war, war fast jedem bewußt oder sogar bekannt.

Die dritte Funktionärsgruppe kam einem durchschnittlichen Managertyp von heute nahe; viele haben es inzwischen auch tatsächlich dazu gebracht.

Die Herkunft der persönlichen Mitarbeiter war unterschiedlich. Ihr Wesen, ihre Art zu arbeiten, zu leben, ihr Freundeskreis, ihre Bildung, ihre kulturellen Interessen, ihr Herangehen an »Andersdenkende« waren sehr verschieden. Eines verband sie aber alle: Sie waren auf »Beschluß« der Führung eingestellt worden, waren »Nomenklaturkader« des Sekretariats, seiner unmittelbaren Kontrolle unterstellt. Ein Ausscheiden aus der Funktion setzte letztlich wiederum einen formellen Beschluß des Sekretariats voraus. Das war aber meist schon mit dem »Chef« des Betreffenden im kleineren Führungszirkel längst vorher »abgestimmt« worden. Um wieder aus der Politbüroetage herauszukommen, gab es nur wenige Möglichkeiten: Tod, schwere Erkrankung, Entlassung aus politischen Gründen. Andere Möglichkeiten gab es nicht, es sei denn, ein »Chef« verließ selbst die Etage.

Die Chefs und wie war Hermann Axen wirklich?

Da machte man zunächst die Erfahrung, daß »Despektierlichkeiten«, wie sich Hermann Axen oft ausdrückte, nicht am Platze waren. Die Mitglieder des Politbüros wollten als Spitzenleute und höchste Chefs behandelt werden. Gemeinsam war allen das bei Honecker, Mielke, Mittag und Herrmann besonders stark ausgeprägte Mißtrauen gegen alle Neuen, Jüngeren, die nicht aus sowjetischer Emigration oder dem KZ kamen oder nicht aus kommunistischen Familien. Auf Ablehnung stieß bei den meisten, aber nicht bei allen, der Versuch eines Mitarbeiters, eigene Gedanken zur Wirkung zu bringen, vor allem, wenn Dritte dabei waren. Auch Kontakte zu den Mitarbeitern anderer Büros, aber auch zu denen der eigenen unterstellten Fachabteilungen wurden überhaupt nicht gern gesehen. In meinem Falle wurde ein zu enger Kontakt zu meiner früheren Abteilung, auf die Paul Markowski Hoffnungen gesetzt hatte, bald durch eindeutige Anweisung Hermann Axens unterbunden.

Man hatte ständig anwesend und verfügbar zu sein. Eine feste Arbeitszeitregelung gab es für uns nicht. Orientierungspunkt in allen wichtigen Fragen war der »Chef«, und dieser orientierte sich wieder am Generalsekretär, den Beschlüssen und Gesprächen von Politbüro und Sekretariat.

Charakterlich und vom Einfluß her waren die Sekretäre des ZK, die ich in fast 15 Jahren auf der »Etage« kennenlernte, sehr unterschiedlich. Ihre Zusammenarbeit im Arbeitsablauf verlief genauso offiziell über den Postweg oder das Büro des Politbüros, so separat voneinander isoliert, wie die Herren auch in Wandlitz zusammen und doch voneinander getrennt gelebt haben. Für Gespräche beim »General« mußten sie sich anmelden und waren aufgeregt ungeduldig, wenn Honecker oder seine Sekretärin sie lange warten ließ.

Hermann Axen erwarb sich bei Mitarbeitern der Etage den Beinamen »Kugelblitz«, weil er wie ein um sein Leben Laufender von seinem Büro aus um die Ecke raste, wenn Elli Kelm, die Sekretärin Honeckers, ihm mitgeteilt hatte, der »Chef« erwarte ihn. So manche Sekretärin konnte sich nur noch durch einen Sprung zur Seite retten, wenn er die Kurve nahm und sein Gewicht in Fliehkraft umsetzte.

Ungehinderten Zugang zu Honecker hatten nur Mielke, Schalck-Golodkowski, Mittag und zum Teil auch Herrmann, weil dann beide den »Umbruch« des »Neuen Deutschlands« für den nächsten Tag und die Zusammensetzung der abendlichen Nachrichtensendung »Aktuelle Kamera« berieten.

Die Büros waren so voneinander abgeschirmt, daß man nur vom Hörensagen über das Geschehen in anderen Büros erfuhr. Meinen eigenen Chef, Hermann Axen, aber lernte ich in jeder Hinsicht gründlich kennen und möchte doch im folgenden entschieden einseitigen Betrachtungsweisen entgegentreten.

Hermann Axen dürfte von allen Politbüromitgliedern der Gebildetste gewesen sein. Er hatte einige Jahre in Leipzig das bürgerliche Gymnasium besucht. Als junger Mensch mußte er erleben, wie sein Bruder Rolf als einer der ersten Kommunisten nach der Machtergreifung der Nazis von diesen erschlagen wurde. Er begann, illegale Widerstandsarbeit zu leisten, wurde deswegen und als Jude vom Gymnasium entfernt, schließlich mehrere Jahre ins Zuchthaus geworfen und dann nach Frankreich ins Exil entlassen. Auch dort arbeitete er politisch, traf unter anderem Willy Brandt, der damals noch extrem linke Ansichten in der Sozialistischen Arbeiterpartei (SAP) verfocht, linkere als Axen! 1987 konnte ich sie bei einem herzlichen Wiedersehen nach sehr langer Zeit beobachten. Dieses Wiedersehen widerspiegelte großen gegenseitigen Respekt füreinander. Beim Einmarsch der Nazis in Frankreich wurde er im Lager Le Vernet interniert, dann an die Nazis ausgeliefert. Er kam in die

Konzentrationslager von Auschwitz und Buchenwald. Die meisten seiner Angehörigen wurden von den Nazis vergast. 1945 wurde er durch amerikanische Truppen befreit.

Er arbeitete dann im Zentralrat der FDJ, wurde später Chefredakteur eines damals wirklich lesbaren »Neuen Deutschlands«. Er war mit am Wechsel von Ulbricht zu Honecker beteiligt, was dieser ihm in gewisser Weise honorierte.

Hermann Axen war wißbegierig, kulturell außerordentlich interessiert. Er ließ kaum ein wichtiges Konzert aus, besuchte mit seiner schwerbeschädigten, querschnittsgelähmten Frau viele Theateraufführungen und Ausstellungen. Neue Bücher aller Art sog er regelrecht in sich hinein.

Ich war dabei, als er in Paris, aus dem er von der damaligen französischen Regierung auf Lebenszeit verbannt war, bei einem Abendessen in fließendem Französisch zu 12 der einflußreichsten Wirtschaftskapitäne Frankreichs sprach, von denen er einen, Monsieur Sudreau, in Buchenwald kennengelernt hatte. Er zitierte Shakespeare, Dostojewski ebenso wie Sartre oder Camus aus dem Kopf. Er beeindruckte vor allem durch seine absolut ehrliche Darstellung der wahren Wirtschaftslage der DDR in der zweiten Hälfte der 70er Jahre (leider habe ich so etwas nie von ihm zu Hause und in deutsch gehört).

Es stimmt schon, daß sein Fleiß und seine Wißbegier nicht selten übertriebene Züge annahmen: Er scheuchte das Außenministerium und die ihm unterstellten Abteilungen ganz schön, um eine seiner ganz persönlichen Meinung nach wichtige Information oder Analysen anfertigen zu lassen. Er hat diese Analyse aber auch durchgearbeitet und verwandt bzw. weitergeleitet.

Mit der Zeit entwickelte sich zwischen Hermann Axen und mir ein ziemlich offenes, ja sogar ein ungewöhnliches Verhältnis. Ab 1985/86 konnte ich mit ihm im Freien oder an »geschützten Orten« über alle Fragen offen reden. Mir ist besonders ein Gespräch in Erinnerung geblieben, das wir in einer Flugzeugkabine, hoch über den Wolken auf dem Rückflug von Prag nach Berlin, geführt haben. Ganz plötzlich sagte er mir, mich geraden Auges anblickend: »Ich weiß, was du über Günter Mittag denkst, und du hast da wohl recht. Auch den Personenkult um Erich finde ich verabscheuungswürdig. Ich weiß auch, daß du mich für feige hältst, weil ich nichts mehr zu verlieren hätte, wenn ich im Politbüro offen auftrete. Aber ich muß an meine schwerkranke Frau denken. Außerdem weißt du auch nicht alles, was ich weiß. Du übrigens sieh dich besser vor!«

Ein ungewöhnliches Gespräch. Ich weiß nicht, ob ein anderer der »Chefs« jemals in dieser Weise mit einem seiner Mitarbeiter gesprochen hat.

Hermann Axen ließ mich auch ganz an der langen Leine, was die Vorbereitung der Abrüstungsgespräche mit der SPD, eigenständige Auftritte in der BRD, im In- und Ausland anbelangte (rund 60 im Jahr) sowie die eigene Publikationstätigkeit, darunter das Verfassen von Büchern. Das war für einen persönlichen Mitarbeiter auf der Politbüroetage absolut ungewöhnlich. Alle anderen hielten sich fast durchweg von eigenständiger Publikationstätigkeit fern.

Viele Jahre besaß Axen eine bescheidene Datsche in Klosterheide mit einem DDR-üblichen Bungalow. Das Objekt in Born an der Ostsee, für das er sich vor Gericht verantworten sollte, war durch eine großangelegte Intrige von Mielke zustande gekommen, wofür es Ohrenzeugen gibt. Man wollte endlich und wohl als letzten auch Axen auf der Liste haben. So wurde der Familie Axen über Ärzte eingeredet, zwecks Überwindung allergischer Krankheiten ein Wochenendgrundstück an der Ostsee zu benötigen. Zunächst erhielt der Parteibetrieb Fundament den Auftrag für Planung und Ausführung des Landsitzes in Born, dann erteilte Mielke den Befehl, daß Fachleute des MfS den Bau zu Ende führen. Ich bin nie dort gewesen, westliche Besucher ja, für die es dort keinen ungewöhnlichen Luxus gab. Aus der Sicht eines »normalen« DDR-Bürgers war das natürlich anders.

Hermann Axen war ängstlich bemüht, bei Honecker nicht weiter in Ungnade zu fallen, der in den 80er Jahren die Außenpolitik immer mehr selbst an sich riß, über seinen Kopf hinweg in die Fachabteilungen hineinregierte und an seiner Stelle Mittag auf die wichtige Reise in die BRD und andere Reisen mitnahm.

Im Mai 1988 durfte ich Axen in die USA begleiten. Dort hatte sein Auftreten wirklich schizophrene Züge. Vor Journalisten las er, obwohl sehr gut vorbereitet, stotternd und aufgeregt die stereotypen Propagandaformeln der DDR vor, wich jeder »heiklen Frage« aus, was die Amerikaner, aber auch die Delegationsmitglieder und Botschaftsmitarbeiter mehr als irritierte. Auch am nächsten Abend bei einem Vortrag vor der Hopkins University machte er eine sehr schlechte Figur. Aber schon kurz danach, als keine Mikrofone und Kameras dabei waren, brillierte er schlagfertig und ohne Dolmetscher bei Tischgesprächen und bei einem sehr locker-lustigen Toast. Auch in Gesprächen mit dem amerikanischen Außenminister und Parlamentariern kam er recht gut an. Das Bewußtsein, erstes Mitglied des Politbüros in den USA zu sein, machte ihn überaus nervös. Er hatte offenkundig große Angst, zu Hause bei Honecker und Mittag ins Fettnäpfchen zu treten.

Die USA-Reise, die einen baldigen Besuch Erich Honeckers vorbereiten sollte, hatte übrigens ihre Vorgeschichte. Es war mir gelungen, Axen in Weimar eines Nachts, als er wie immer vor solchen Ereignissen ruhelos durch das Gästehaus lief, zu überzeugen, bei seiner Rede am nächsten Tag auf einer Gedenkkundgebung im KZ Buchenwald erstmals zu sagen: »Die Blumen unserer Kränze ehren jene Tausende Menschen jüdischen Glaubens, die der Rassenwahn der braunen Henker in diesem Lager in den Tod getrieben hat.« Bis dahin wurde in Reden der SED-Parteiführung die Tatsache, daß in den KZ vor allem Millionen Menschen jüdischer Herkunft umgebracht worden waren, einfach beiseite gelassen. Die erwähnte Bemerkung Hermann Axens und die Tatsache, daß er selbst Jude war, wurden in den USA sofort registriert. Von der dortigen starken jüdischen Gemeinde wurde das als Signal aufgefaßt. Sondierungen begannen, besonders hinsichtlich der Schadenersatzansprüche Israels und des Judentums an die DDR.

Natürlich war während der USA-Reise auch das Interesse amerikanischer Wirtschaftskreise spürbar, stärker mit der DDR ins Geschäft zu kommen, die einseitige Abhängigkeit der DDR von Moskau und von der BRD zu mindern. Strategisch gesehen, wollte man auf jeden Fall einen Fuß in der DDR drin haben, wenn es zur Wiedervereinigung kommen sollte. 1986 hatte ja schon der hochrangige USA-Diplomat Helmut Sonnenfeldt Professor Otto Reinhold den baldigen Zusammenbruch Osteuropas prophezeit und von den Sorgen der USA-Regierung berichtet, daß es in der DDR zu einem besonders bösen «Crash« mit schweren politischen Zusammenstößen kommen würde.

Die politischen Gesprächspartner wollten sich natürlich auch ein persönliches Bild von einem Politbüromitglied der SED, aber auch den Denk- und Verhaltensweisen seiner Begleitung machen. Das stellten sie sehr geschickt an. So war ich bei einem Dinner an einem großen runden Tisch mit amerikanischen Persönlichkeiten plaziert, die dann in der unmittelbaren Vorwende- und Wendezeit in den Botschaften der USA in Berlin und Bonn eine aktive Rolle spielten. Die Gespräche waren sehr offen, fair und herzlich. Außenminister Shultz teilte übrigens Hermann Axen mit, daß man in den USA die Kontaktausweitung zwischen DDR und BRD begrüße, vor allem auch die Abrüstungsgespräche zwischen SED und SPD. Die Mauer störe die Beziehungen, sei aber auch ein Element der Stabilität in Mitteleuropa, wo noch viele ausländische Truppen mit gefährlichen Waffensystemen stünden. Shultz wörtlich: »Wir gehen davon aus, daß die DDR-Regierung klug genug ist, zu wissen, zu welchem Zeitpunkt sie die Mauer öffnen und abtragen sollte.« Ex-Verteidigungsminister McNamara äußerte, wenn er an die vielen gefährlichen ausländischen Waffensysteme auf deutschem Boden denke, würde er als Deutscher in keiner Nacht auch nur eine Minute schlafen können. Die Abrüstungsgespräche von Experten aus beiden deutschen Staaten, von SED und SPD, hielt McNamara für den vernünftigsten Weg, um zum Disengagement, das heißt dem Auseinanderrücken von Truppen und Waffensystemen, an der deutsch-deutschen Grenze zu gelangen. Das würde dann auch die Mauer zwangsläufig zunehmend in Frage stellen und »völlig neue politische Perspektiven« eröffnen. Diese Schlußfolgerung fand sich natürlich im offiziellen Bericht über die USA-Reise an das Politbüro nicht wieder.

Die USA-Reise Hermann Axens hatte also zeitlich, politisch und objektiv einen Hintergrund und hing nicht, wie dieser behauptet, vom angeblich vorhandenen Engagement des DDR-Botschafters Horst Grunert ab, wie dieser in dem Buch »Ohnmacht, DDR-Funktionäre sagen aus« im nachhinein sehr überheblich behauptet. Grunert war nur bis 1983 Botschafter in den USA. So oft und regelmäßig kam Grunert auch nicht mit Hermann Axen zusammen, um ihn genau und zuverlässig charakterisieren zu können. Ich erinnere mich nur an seine Beflissenheit gegenüber Axen und leitenden Mitarbeitern der Abteilung Internationale Verbindungen. Als ich ihn bei einer Kur in Bad Liebenstein selbst in ein kritisches Gespräch über die Lage und die Parteioberen einbezog, er war inzwischen

Professor in Potsdam-Babelsberg geworden, war von Aufsässigkeit, kritischer Haltung und »Überwintern in einer Nische« nicht das geringste zu spüren. Grunert überschätzt in seiner heutigen, dem Zeitgeist geschuldeten Darstellung der Dinge doch sehr seine wirkliche Rolle. Er behauptete, daß die von Axen forcierte Analysearbeit des Außenministeriums von keinerlei praktischer Bedeutung war. Auch dieses Urteil kann ich überhaupt nicht teilen.

Eines ist allerdings wahr: Selbst brillante und ehrliche Analysen von Axen als »Vorsitzendem« geleiteter »interner« Arbeitsgruppen, zum Beispiel in Vorbereitung auf den X. und XI. Parteitag, zog er widerstandslos zurück, wenn Honecker und Mittag dagegen auch nur leise Bemerkungen machten.

In der Außenpolitischen Kommission und in anderen Gremien konnte man lange Zeit mit ihm über alles reden, außer über den Zustand des »realen Sozialismus«. Hier verteidigte er um jeden Preis seinen in der Jugend geborenen, in Haft- und KZ-Jahren konservierten, durch die Nachkriegsentwicklung scheinbar bestätigten Glauben an »das siegreiche Voranschreiten des Sozialismus in der Welt«, gesetzmäßig und unabänderlich. Er bestritt die eindeutigsten Fakten über Fehlentwicklungen, wirtschaftlichen Niedergang und politische Krisen in der Sowjetunion und in den anderen Ländern des Warschauer Vertrages. Wenn er doch mal etwas zugab, waren »der Gegner« und seine Embargo- und »Totrüstungsstrategie« schuld. Als ich ihn nach der Wende und seiner Haftentlassung noch einmal sprach, sagte er mir: »Wir haben eine schwere historische Niederlage erlitten, die auf Verrat in Moskau und anderswo zurückzuführen ist. Es wird Generationen dauern, bis wir diese Niederlage wieder wettgemacht haben!« Es war nicht die leiseste Spur von Selbstkritik und kritischer Systemanalyse zu entdecken.

1985/86 hatte er Gorbatschow zunächst begrüßt, schwenkte dann aber, allerdings nicht völlig, auf die distanzierte Position Honeckers ein. Er verteidigte das »Sputnik«-Verbot, hielt aber Maßregelungen gegen Anhänger von Gorbatschow in Grenzen. Auch er hoffte auf Leute vom Schlage eines Ligatschows oder ein Eingreifen der Militärs. Eine heimliche Verehrung für Stalin hat er nie ablegen können.

Von Fragen der Innen- und Wirtschaftspolitik verstand Axen nichts. So hielt er die statistischen Halbjahresberichte, wie sie dem Volke zugemutet wurden, für authentisch und merkte nicht, daß selbst in den vertraulichsten Materialien nie die Zahlungsbilanz der DDR, der wahre Stand der Verschuldung, genannt wurde.

Als Dr. Krause, unser zweiter Mitarbeiter und ich, ihn animierten, im Politbüro auch mal die Frage nach der Zahlungsbilanz zu stellen, wurde es unruhig im Bereich Mittag. Die Politbüromitglieder bekamen dann auch 1988 erstmalig (!) über G. Mittag eine vom KOKO-Bereich und der DAB (Deutsche Außenhandelsbank) zusammengestellte Zahlungsbilanz als »Geheime Kommandosache« zugestellt. H. Axen zeigte sie uns nicht, aber seine Sekretärin ließ uns heimlich einen Blick in den Panzerschrank werfen: Der Überblick war bewußt kaum lesbar gehalten, die Zahlenreihen enthielten absichtlich keine Leerstellen nach 3 Ziffern. Wir mußten uns in aller Eile anstrengen, um die Größenordnung der Verschuldung ablesen zu können: Es war uns danach völlig klar: Die DDR war längst pleite und würde aus dem für sie tödlichen Kreislauf von Verschuldung, Umschuldung, neuer Kreditaufnahme und wachsender Zinslast nicht mehr herauskommen. Man mußte in Bälde Konkurs anmelden!

Der Leiter des Statistischen Zentralamtes der DDR, Prof. Dr. Arno Donda, hat wohl recht, wenn er heute resignierend feststellt: »Wären intelligentere und gebildetere Leute an der Macht gewesen, so wäre, um es zuzuspitzen, der Untergang höchstens sanfter vonstatten gegangen, vielleicht wäre ein würdigerer Rückzug und Übergang in die andere Gesellschaftsordnung möglich gewesen ...«

Hermann Axen erwähnte die Zahlungsbilanz und ihre vernichtende Aussage uns gegenüber mit keinem Wort. Aber er war klug genug zu begreifen, was die Stunde geschlagen hatte. Von nun an flüchtete er sich in rechthaberische lange Monologe, wenn, auch in der »Außenpolitischen Kommission«, heikle Fragen zur Sprache kamen. Er wollte die Fragen einfach wegreden, wobei nun auch Alter und nicht zugegebene Enttäuschung zunehmend ihren Widerhall fanden. Das wurde immer peinlicher. »Geh endlich nach Hause, Alter!« knurrte mein wütender Kollege laut im Herbst 1988 in einer Sitzung der »Außenpolitischen Kommission«. Der Arbeitsstil Hermann Axens, der nie besonders rationell war, wurde nun noch chaotischer. Wichtiges und Unwichtiges purzelten durcheinander. Durch die Berge angeforderten Materials fand er sich nicht mehr hindurch.

Immerhin hatte Axen den Mut, ab 1980 zwei »Doktoren« als persönliche Mitarbeiter zu haben und mit ihnen auch bis etwa 1987/88 den intellektuellen Streit zu suchen und zu pflegen. Allerdings erinnerte er immer wieder daran: *Er* sei der Chef, und bei allem gebe es eine durch ihn und das Sekretariat gesetzte Grenze.

Axen litt sehr darunter, daß Erich Honecker die Leitung der Außenpolitik immer mehr selbst an sich zog und über seinen Kopf hinweg mit Abteilungsleiter Sieber, dessen Stellvertretern und Außenminister Fischer große Reisen und wichtige außenpolitische Entscheidungen abstimmte. Man schob ihn 1987/88 auf ein Abstellgleis. Die Leitung der abrüstungspolitischen Arbeitsgruppe mit der SPD und der Auftrag, sich erneut theoretisch mit der »nationalen Frage« zu beschäftigen, erschienen als Trostpflaster.

Natürlich war auch für Axen Realitätsferne zur Regel geworden. Bei einem Aufenthalt in Holland sprach ihn bei einem Essen einmal ein Parlamentarier des Gastgeberlandes an und meinte, man müsse doch unbedingt die totale Überalterung der osteuropäischen Parteiführungen und ihrer Apparate überwinden. Axen entgegnete ungerührt: »Da haben Sie völlig recht!«

Auch Axen wollte »erst mit Erich aufhören«, das heißt sich auf dem XII. Parteitag, den man auf 1990 vorverlegen wollte, um dem sowjetischen Parteitag zuvorzukommen, wiederwählen lassen.

Bald hätten vorwiegend 80jährige den Kern der Parteiführung der SED gebildet. Als ich ihn Ende 1988 daraufhin ansprach, verlor er total die Nerven und schrie mich vor Zeugen an: »Nach dem XIII. Parteitag kannst du Generalsekretär werden und mit deinesgleichen alles anders und besser machen!« Das wäre dann 1994 gewesen, aber Axen wußte sehr genau, daß Egon Krenz und seine FDJ-Mannschaft dann das Zepter »planmäßig« übernehmen sollten.

Auch ein kluger Mann wie Hermann Axen konnte und wollte nicht von den Attributen der Macht lassen. Er rechtfertigte dies mit der antifaschistischen Vergangenheit und der überaus angespannten Arbeit nach dem Kriege. Aber auch er wollte keine »Neuen« und nichts »Neues« mehr an der Spitze erleben und am liebsten in den Sesseln der Macht sterben.

Trotzdem hob sich Axen wohltuend von vielen Mitgliedern und Kandidaten des Politbüros ab. Selbst nach langjähriger Arbeit auf der Etage wurde man von Mittag oder von Mielke – wenn er zur

Politbürositzung kam – einfach übersehen, auch wenn man freundlich grüßte. Andere wiederum sprachen auch den »kleinen Mitarbeiter« von sich aus freundlich und locker an, wie Werner Jarowinsky, Werner Felfe, Egon Krenz und Kurt Hager. J. Herrmann behandelte einen mal scheinheilig freundlich, meist aber grob aggressiv und vor persönlichen Drohungen nicht zurückschreckend.

Von Mielke habe ich nur noch den stechenden Blick in meinem Rücken in Erinnerung, als ich das einzige Mal an einer »PB-Sitzung« als schweigender Gast für 10 Minuten im »allerheiligsten Saal« der Macht sitzen durfte, bei der Begründung der gemeinsamen Abrüstungsinitiative von SED und SPD über den atomwaffenfreien Korridor. Und seine mit hechelnder Stimme, als ich mich zu ihm gerade umdrehte, ins Gesicht geschleuderte Bemerkung habe ich nicht vergessen: »Vergeßt ja nicht, Sozialdemokraten bleiben Sozialdemokraten!« Der gerade anstelle von Honecker residierende Krenz stimmte beflissen zu.

Vom Charakter her war auch Hermann Axen außerordentlich unausgeglichen, sehr verletzlich, neigte zu persönlichen cholerischen Ausbrüchen, selbst gegenüber dem Außenminister der DDR, gegenüber »seinen« Büroangehörigen sowieso. Das erschwerte die alltägliche Arbeit.

Arbeit und Alltag auf der Politbüroetage

Die Arbeit war keineswegs ein Zuckerschlecken oder mit außerordentlichen Privilegien verbunden, sieht man von der Möglichkeit ab, bessere als die meisten FDGB-Urlauberheime zu nutzen und das Regierungskrankenhaus in Anspruch nehmen zu können. Das war schon nicht wenig. Aber der Krankenstand auf der Etage war extrem hoch. Die meisten Mitarbeiter und Sekretärinnen hatten chronische Erkrankungen des Herzens, des Stütz- und Gelenkapparates und des Magen/Darm-Systems. Ein großer Teil der Erkrankungen war psychisch bedingt, nicht zuletzt durch einen nicht selten über 14 Stunden langen Arbeitstag, Wochenendarbeit, das Arbeitsklima im Apparat und die Selbstherrlichkeit einiger »Chefs«.

Der Büroalltag dürfte sich allerdings überall auf der Welt ähneln: Papier beschreiben, Papier verteilen, Papier lesen, Papier aufheben und sortieren, vorlegen, unterschreiben lassen, abstempeln, verschicken. Ablage machen, andere Einrichtungen anschreiben oder antelefonieren, Besucher bestellen und empfangen.

Im zentralen Machtapparat einer Partei, und besonders einem solchen wie dem der SED mit seiner eingangs skizzierten spezifischen Geschichte, existierten natürlich Besonderheiten:

Erstens war *alles politisch* und wurde auch so gewertet, egal ob es um Arbeitsergebnisse, persönliches Verhalten und persönliche Äußerungen ging.

Zweitens war nahezu *alles geheim* und in dicken Panzerschränken unterzubringen. Axen hatte praktisch fünf davon (hinter hölzernen Wänden), ich auch schon drei.

Drittens war man absolut abhängig vom »Chef«, seinem Willen und Wollen, auch seinen Launen, von seiner Zeiteinteilung. Sachlicher Widerspruch war nur nach langer Zeit und unter vier Augen möglich. Die Sicht des Chefs entschied in jedem Fall.

Viertens war die persönliche Überwachung der Mitarbeiter aus »Sicherheitsgründen« eine totale.

Fünftens bekam man aus ebendiesen Gründen nicht alle Papiere des Chefs in die Hand, sondern nur ausgewählte, was im Einzelfall zeitweilig anders sein konnte.

Sechstens hatte das persönliche Leben, Freizeit, persönliche Interessen ganz hintenan zu stehen. Drückte der «Chef« die Telefontaste eines Mitarbeiters auf seinem großen Telefonpult und der Betreffende war nicht da, dann gab es Krach.

Die Arbeit auf der »PB-Etage« begann, wie im gesamten ZK-Gebäude, um 7.45 Uhr. Sie endete offiziell um 17.00 Uhr. Es wurde jedoch in den meisten Büros viel länger gearbeitet, nicht selten bis 23.00 Uhr und später. Hatte der Chef einen Gast, hatte man auch bei Nichtteilnahme am Gespräch zu warten, selbst wenn es bis Mitternacht ging. Die meisten Mitarbeiter begannen schon um 7.30 Uhr, die ihnen zugewiesenen Zeitungen für die Chefs vorzubereiten, das heißt Wichtiges zu unterstreichen. Die Chefs trafen meist kurz nach 8.00 Uhr ein und erreichten über einen nur ihnen vorbehaltenen Gang und speziellen Fahrstuhl »die Etage«. In den meisten Büros gab es gegen 8.15 Uhr die »Morgenandacht«, eine Mischung von Presseschau und Arbeitsberatung. Einige »Chefs« lasen alle Zeitungen selbst.

Bei H. Axen kam ein Vertreter der »Agitationskommission« Joachim Herrmanns dazu als »Verbindungsmann für außenpolitische Probleme«. Dieser war keinesfalls zu beneiden, wurde er doch oft in die unangenehme Rolle gedrängt, Puffer zu sein, Reibungen auszubügeln und durchaus vorhandene Gegensätze abzuschwächen. Axen verachtete J. Herrmann und seine dümmliche Erfolgspropaganda, seine Arroganz auch zu außenpolitischen Fragen, sein Kriechertum gegenüber Honecker.

An der Stimmung des Chefs in der »Morgenandacht« konnte man recht bald ablesen lernen, wie die »Lage« war, ob man sich über etwas ärgerte oder ob man einfach nur schlecht geschlafen hatte.

Während oder im Anschluß an die Presseauswertung wurden mit dem Abteilungsleiter der Abteilung Internationale Verbindungen und einem seiner Stellvertreter, manchmal auch des Leiters der »Wissenschaftlichen Arbeitsgruppe«, konkret anliegende Fragen der praktischen Arbeit beraten, Absprachen getroffen. Mit dem Außenminister sprach Axen meist gleich nach Eintreffen im Büro über die »Sonderleitung«. Die erste Frage lautete meist: »Gibt es etwas Besonderes?«, was übersetzt hieß: Gab es Ärger, wo könnte es welchen geben, was kann man dagegen tun? Ansonsten ging es in diesen Gesprächen, auch in denen mit der Westabteilung und der Abteilung Auslandsinformation die ebenfalls Axen unterstanden, wie auch dem Ausschuß für Auswärtige Angelegenheiten der Volkskammer, dem Komitee der Antifaschistischen Widerstandskämpfer, der Liga für Völkerfreundschaft, der DDR-Sektion der Interparlamentarischen Union, meist um Probleme des operativen Alltags: »Vorgänge« in einzelnen Ländern und Botschaften, Schlußfolgerungen aus Presseberichten und anderen Informationsmaterialien, Aufträge an Ländersektoren der Abteilung oder Fachbereiche des Außenministeriums (Anfertigung von Analysen, Telegramme an DDR-Auslandsvertretungen, Personalfragen), Vorbereitung von Besuchsreisen oder von zu erwartenden Besuchen, Vorbereitung von Kongressen und Tagungen, Entsendung von Experten ins Ausland zu internationalen Veranstaltungen, Reisen des Generalsekretärs ins Ausland, Empfang ausländischer Gäste durch ihn. Hier informierten meistens die letzten Jahre Abteilungsleiter Sieber und Außenminister Fischer mehr den Sekretär für internationale Fragen als umgekehrt, da Honecker die entscheidenden

Punkte der Außenpolitik, Axen übergehend, direkt mit den »operativen Kräften« und seinem »Büro des Politbüros« regelte. Es wurde die organisatorische und finanzielle Unterstützung von Parteien und Organisationen besprochen, die Zuarbeit für Berichte des Politbüros an das ZK, die »Abarbeitung« der im halbjährlichen Arbeitsplan des Politbüros und des Sekretariats fixierten Aufgaben. Bei der Besprechung der rein operativen Aufgaben mit den Abteilungsleitern waren wir persönlichen Mitarbeiter nur selten dabei.

Wir waren also auch nicht für die Entwürfe der »Vorlagen« an das Politbüro und das Sekretariat verantwortlich, die meist aus den Abteilungen kamen und nur von Axen zum Beispiel unterschrieben wurden. Manche diktierten die Chefs auch selbst. In manchen Büros wurden die Meinungen der persönlichen Mitarbeiter zum Teil einbezogen, wie in den Büros Hager, Mittag, Jarowinsky, Lange und Krenz.

In den »Frühberatungen« bis etwa gegen 9.30 Uhr werteten die Chefs auch alle Telegramme aus, die sie abends noch oder schon früh in Wandlitz durch Kurier erhalten hatten, auch am Wochenende.

Mit ihren Weisungen setzten also die Chefs die Maschinerie der ihnen unterstellten Bereiche mit preußischer Gründlichkeit in Bewegung. Diese Weisungen wurden an die zuständigen Mitarbeiter weitergegeben. Termine und Verantwortlichkeiten wurden festgelegt und auf hierarchischer Stufenleiter kontrolliert.

Auf Axens Schreibtisch lief also alles, was die DDR mit dem internationalen Geschehen verband (außer dem Außenhandel, vor allem dem KOKO-Spezialhandel), zusammen, die Schwerpunktaufgaben der vom Honecker-Schwager Manfred Feist geleiteten Abteilung Auslandsinformation und der zunächst von Herbert Häber und dann – nach dessen »Abschuß« – vom ehemaligen FDJ-Funktionär und Krenz-Freund Gunter Rettner geleiteten Westabteilung.

Von diesem Schreibtisch aus wurde auf der Grundlage von Beschlüssen der Parteiführung oder »Hinweisen« und »Bemerkungen« des Generalsekretärs sowie eigener Entscheidungsbildung Axens in zentralistischer Weise das Handeln der rund 150 Mitarbeiter von drei Fachabteilungen sowie des riesigen Apparats des Außenministeriums und der Auslandsvertretungen zumindest beeinflußt. Meist folgte dann die Durchsicht der Morgenpost und neu eingegangener Telegramme. Bis auf dienstags und mittwochs empfing H. Axen danach ausländische Besucher, Diplomaten, Vertreter anderer Einrichtungen sowohl in seinem Arbeitszimmer als auch in besonderen Beratungszimmern. Daran nahmen Vertreter der Abteilung Internationale Verbindungen, aber oft auch einer der persönlichen Mitarbeiter teil. Sie hatten die »Vermerke« zu schreiben und dem Chef vorzulegen, der sie meist korrigierte. Gab es längere Berichte, Analysen, Zuarbeiten anzufertigen, wurde vormittags meist diktiert. Besucher wurden dann am späten Nachmittag oder frühen Abend empfangen.

Punkt 13.00 Uhr gingen die Chefs zum Mittagessen. In der 7. Etage gab es einen Aufbau mit dem Speisesaal der Politbüromitglieder, den man auch über das Dach erreichen konnte. Dort gab es für das Politbüro einen besonderen Tisch an der hinteren Fensterfront. An der Kopfseite saß stets Erich Honecker; alle anderen hatten ihren festen Platz und achteten eifersüchtig darauf, daß kein anderer »Kollege« diesen einnahm. An diesem Tisch sprach meist nur Honecker. Die anderen Politbüromitglieder saßen an dem Tisch wie brave Schüler, die voller Aufmerksamkeit auf ihren Lehrer blicken. In den Sitzungen des Politbüros und des Sekretariats ging es ja auch nicht anders zu. Es waren fest eingefressene stereotype Verhaltensweisen.

Gegen 14.00 Uhr kehrte man in sein Büro zurück, schaute die Mittagspost durch, die von den Mitarbeitern in der Essenspause rasch durchgesehenen neuen Zeitungen und Informationen. H. Axen interessierte sich besonders für den »Tagesspiegel«, die »Frankfurter Rundschau«, »Morgenpost«, »Stern« und »Spiegel« sowie »Financial Times«, »Le Monde«, »New York Herald Tribune« und »L'Humanité«. Sowjetische Zeitungen interessierten wenig, Zeitschriften nur bis 1985. Man mußte ganz schön schnell und »diagonal« lesen. Das Wichtigste war an- und unterstrichen. Zum Leidwesen der Sekretärinnen mußten viele der von den Chefs noch einmal mit dickem Stift kenntlich gemachten Berichte ausgeschnitten und aufgeklebt werden, ohne daß man sie dann noch einmal selbst benutzte. Sie landeten bei den persönlichen Mitarbeitern und dann im Papierkorb. Ich selbst hatte 52 Zeitungen und Zeitschriften »auszuwerten«, was viel Zeit in Anspruch nahm, oft wenig

Sinn machte, aber einem selbst Zugang zu einem beachtlichen Informationspotential bescherte.

Unmittelbar nach dem Mittagessen erhielten, wenn es nicht schon früh geschehen war, die Mitarbeiter neue Aufträge, auch der Leiter der internationalen Abteilung wurde meist noch einmal gerufen. Dann wurde über die verschiedensten Telefonsysteme, meist über das geheime WTSCH-Netz, das mit Verzerrer arbeitete und die wichtigsten Leute der Partei- und Staatsführung der DDR und die Führungen der Staaten des Warschauer Vertrages, Militärs und Nachrichtendienste miteinander verband, noch einmal kontrolliert, ob alle früher gegebenen Weisungen auch fleißig realisiert wurden.

Danach diktierte Axen oft eine Vielzahl von Telegrammen in alle Welt, die ein Kurier des Außenministeriums x-mal am Tag abholen und zur Funkstelle des Ministeriums tragen mußte. Damit wurden die DDR-Auslandsvertretungen in oftmals übertriebener Weise mit Aufträgen belegt. Der Außenminister erhielt nur eine Telegrammkopie. Auch das bewies: Der Außenminister, obwohl selbst gewähltes ZK-Mitglied, konnte niemals in die Geschäfte der Partei reinreden. Umgekehrt geschah das ständig. Ging etwas schief, wurde der Schuldige im Außenministerium gesucht, positive Ergebnisse hielt man sich selbst zugute. Da hat Grunert wirklich recht.

Am Vormittag eines gewöhnlichen Arbeitstages empfingen die Chefs erneut Besucher, studierten Informationen, redeten vor anderen Institutionen wie dem Auswärtigen Ausschuß der Volkskammer oder arbeiteten mit ihren persönlichen Mitarbeitern Reden, Analysen und Artikel aus. Gegen 17.00 oder 18.00 Uhr empfing man wiederum Besucher oder fuhr zu Arbeitsessen in das Gästehaus der Partei. Sehr oft ging Axen abends ins Konzert und Theater.

Die Zeit bis zur Abfahrt des »Chefs« mußten die Mitarbeiter anwesend bleiben. Nicht selten an solchen Tagen nutzte Axen diese 1 bis 2 Stunden, um im Zentralen Literaturbestelldienst Bestellungen anzukreuzen, neu eingegangene Bücher anzusehen oder Bekannte und Freunde zu empfangen.

Der allgemeine durchschnittliche Arbeitstag verlief für uns persönliche Mitarbeiter zwar anstrengend, aber ohne besondere Höhepunkte. Es sei denn, man war mit einer besonderen Aufgabe betraut, zum Beispiel der Vorbereitung einer größeren Auslandsreise, des Berichts des Chefs an eine ZK-Tagung oder wie ich, von 1984 bis Februar 1989, mit der Abstimmung und stabsmäßigen Vorbereitung der abrüstungspolitischen Treffen mit der SPD. Letzeres schloß eigenständige Abstimmungsrunden mit Vertretern des Außenministeriums, der NVA, der Westabteilung und Wissenschaftlern ebenso ein wie regelmäßige Konsultationsreisen nach Moskau, Prag und Bonn.

Die der zweiten Funktionärsgruppe zuzuordnenden persönlichen Mitarbeiter waren voll damit ausgelastet, Rede-, Artikel- und Informationsentwürfe anzufertigen, Materialien aller Art auszuwerten, die Verbindung zu Wissenschaftlern und Mitarbeitern anderer Einrichtungen zu halten, Vorschläge zur Lösung aufgetretener Probleme auszuarbeiten, Reisen und Treffen des Chefs mit wichtigen Besuchern inhaltlich vorzubereiten, in Arbeitsgruppen mitzuarbeiten, ihre Arbeit teilweise als Sekretär zu koordinieren und zu organisieren, eigene Artikel auszuarbeiten, eigene Vorträge abzustimmen.

Bei letzteren ließ mir Axen völlig freie Hand. Er verlangte nie ein Manuskript zu sehen, las Bücher und Artikel von mir, wenn sie fertig waren, ließ mich im Rundfunk und einmal im Fernsehen (zu Portugal) freizügig auftreten. Die meisten anderen Chefs ließen solche »zusätzlichen« Aktivitäten gar nicht zu.

Neben dem außenpolitischen Bereich des Staatsapparates im allgemeinen, des Parteiapparates, anderer Parteien und Organisationen, gab es ja noch einen dritten, in den 80er Jahren immer gewichtiger werdenden Strang »verdeckter« Außenpolitik: das Ministerium für Staatssicherheit. Dieses Ministerium stellte nicht nur die Funker, Chiffreure und Kuriere des staatlichen außenpolitischen Bereiches. Es warb auch neben den offiziell entsandten Militärattachés und »Sicherheitsbeauftragten« in Auslandsvertretungen auch immer mehr »ganz normale Diplomaten« an, vor allem solche, die im westlichen Ausland Dienst tun sollten. Seine Informationswege nach »oben« waren schneller und kürzer als die offiziellen. Das MfS überwachte den gesamten außenpolitischen Apparat der DDR und machte auf »Schwachstellen« aufmerksam. An diesem Tun, das ist inzwischen sichere Erkenntnis, nahm Ende der 80er Jahre auch die Hauptverwaltung Aufklärung unter Markus Wolf aktiv teil. Die »im Dunkeln« sah man nicht. Aber sie verfügten über die größere

Macht. Gegen sie hatte niemand eine Chance, wir persönlichen Mitarbeiter im Parteiapparat schon gar nicht.

Der Zentrale Informationsdienst des MfS schickte an die PB-Mitglieder regelmäßig Informationsmaterialien, die diese gegen Quittung entgegennahmen und niemandem zeigen durften. Anfangs kamen die Kuriere mit ihren am Handgelenk festgekette-ten Taschen 1- bis 2mal die Woche. Ende der 80er Jahre kamen sie mehrfach am Tage.

Jedes PB-Mitglied bekam aber nur Material zu seinem Bereich, Axen also nur zu internationalen Fragen, etwa zu Vorgängen in China oder Jemen, nicht aber zu innenpolitischen, wirtschaftspoliti-schen oder sicherheitsrelevanten Fragen.

Einige, die die Abrüstungsgespräche mit der SPD anbetrafen, ließ mich Axen hin und wieder kurz sehen. Da war wohl von den MfS-Leuten manches aus der Leitung abgeschrieben und subjektiv kolportiert worden, aber die »HVA« mußte auch zahlreiche Infor-manten in Bonn haben. Auf letzteres machte ich einen SPD-Gesprächspartner schon 1987 aufmerksam, der sein Präsidium erst nach der Wende davon unterrichtete, damit ich nicht »über Umwege« durch einen Pfeil aus Bonn getroffen würde. Für diese Möglichkeit spricht auch im nachhinein vieles.

Im Interesse der Erhaltung eines positiven Verhandlungsklimas in der abrüstungspolitischen Arbeitsgruppe narrten wir hin und wie-der das MfS. So, als wir ihm nach einer gezielten Information durch Karsten D. Voigt über einen Anhang zu einem Reisebericht an das PB indirekt suggerierten, man erweise »gegnerischen Diensten« einen Gefallen, wenn man B. Bohley und W. Templin bei der Wie-dereinreise in die DDR wegen des geplanten Medienrummels wie-der verhaften würde. Beide konnten einreisen und wurden weder verhaftet noch ausgewiesen. Der »Spiegel« berichtete recht tenden-ziös im Juli 1992 darüber.

Einmal gab mir Axen einen Bericht zur Arbeit der gemeinsamen sicherheitspolitischen Arbeitsgruppe SED-SPD. Darin wurde unterstellt, daß die Arbeit der Gruppe die Aufweichung der DDR und die Aktivitäten »subversiver Kräfte« fördern würde. Das war ein gravierender Angriff der »Betonfraktion« im PB und im MfS auf unsere Arbeit und Axen selbst. Mit ganz weichem Bleistift, um es gleich wieder ausradieren zu können, schrieb ich auf Seite 8 des

Materials an den Rand: »Was soll das, Hermann, richtet sich das etwa gegen Dich?« Axen las, als ich ihm das Material zurückbrachte, wütend meine Anmerkung. Impulsiv und unbedacht schrieb er sie ab, und zwar auf den grünen Einband und mit Kugelschreiber (das war übrigens im Sommer 1988 und nicht 1989, wie es in dem 1992 erschienenen Buch »Die Westspione des Markus Wolf« hieß). Ich konnte nicht mehr einen »Bleistifttext« ausradieren – ich durfte ja eigentlich ein solches Material nie zu Gesicht bekommen –, weil in diesem Moment der MfS-Kurier kam und Axen ihm sofort die Information wütend in die Hand drückte.

So etwas hatte es wohl noch nie gegeben, daß seitens eines SED-Politbüromitgliedes offene Kritik an einer MfS-Information geübt wurde, denn in dem obengenannten Buch wird die große Aufregung bei HVA-Chef Großmann und seinen Informationsauswertern beschrieben über Axens Bemerkung. Sie wurde in aller Schärfe ausgewertet, was sowohl den Kundschaftern als auch ihren Chefs sicher nicht gefallen hat. Sicherlich auch die Bleistiftschrift auf Seite 8 nicht, deren Urheber sie vermutlich sehr schnell ausgemacht haben.

Ja, die Allmacht der »Unsichtbaren« war allumfassend. Bei meinem Aufenthalt in Bonn war immer »einer von ihnen« in der Nähe, versuchte, sich auch in Gespräche mit SPD-Politikern einzumogeln, was wir ihm in stummer Absprache verkümmelten. Ich stieg in Köln-Wahn immer zu dem SPD-Vertreter ins Auto, was schon eine krasse Regelverletzung war. Wir kannten Rolf L. und wußten um seinen Auftrag (er wurde übrigens wenige Tage nach meiner »Entfernung« aus dem ZK-Apparat aus Bonn »abberufen«!). Was ich nicht wußte, war, daß sehr viele Mitarbeiter der Ständigen Vertretung der DDR in Bonn einen kurzen Draht zum MfS hatten. Wie oft habe ich da absolut leichtsinnig im großen Kreise mir bekannter Diplomaten, darunter ehemalige Studienkollegen, über die wirkliche Wirtschaftslage »zu Hause« informiert, auch über das aktuelle Geschehen in Führung und Apparat. Da war ich wirklich mehr als naiv und wußte noch nicht, wie groß der Riesenapparat und die Macht der »Krake« inzwischen geworden waren, eine Macht, die eigentlicher Ohnmacht entsprang und neue schuf.

Der *Wochenablauf* auf der Politbüroetage wurde vor allem vom stetig wiederkehrenden Rhythmus der Arbeit der Parteiführung bestimmt, der irgendwann in früherer Zeit einmal festgelegt worden war. Dieser Wochenablauf begann eigentlich am Wochenende, wenn die Mitglieder des Politbüros zu Hause oder auf der Datsche riesige Stapel von Beschlußvorlagen und Informationen durcharbeiteten, die in den Sitzungen des Politbüros (dienstags) oder Sekretariats (mittwochs) eine Rolle spielen sollten. Diese Papierstapel wurden ihnen freitags am Nachmittag in drei bis vier besonders kenntlich gemachten Aktenkoffern vom »Büro des Politbüros« zugestellt bzw. waren dort von den Chefsekretärinnen oder den »Begleitern« (Leibwächter) abzuholen.

Am *Montag* schleppten die Begleiter und Fahrer meist mehrere große schwarze Aktenkoffer hinter sich her. Hatte das betreffende PB-Mitglied eigene wichtige Beschlußvorlagen seines Bereiches mit unterschrieben und es nicht vor den Sitzungen geschafft, sich über den allgemein üblichen Trick einen Vorab-Vermerk des Generalsekretärs »Einverstanden E. H.« zu verschaffen, gab es Unruhe und Nervosität, die den ganzen Montag über zu spüren war. Man sprach sich rasch noch mit Vertretern der Fachabteilungen und Bereiche ab, die an der Ausarbeitung der Beschlußvorlagen mitgewirkt oder sie mit unterzeichnet hatten.

Am *Dienstag* kamen die Herren dann besonders pünktlich »eingeflogen« und eilten meist schon eine halbe Stunde vor Beginn der Sitzungen in den großen Vorraum vor dem Sitzungssaal des Politbüros. Hier suchte man die Stimmungslage abzutasten, wichtige Dinge »am Rande« in Erfahrung zu bringen, möglichst an den Generalsekretär auf seinem Weg zum Sitzungssaal heranzukommen, vielleicht auch Verbündete zu gewinnen. Eine Minute vor 10.00 Uhr betrat dann der Generalsekretär den Raum. Alle standen auf und nahmen wieder Platz, nachdem Honecker sich gesetzt hatte. Der Leiter des »Büros des Politbüros« verlas das Beschlußprotokoll der letzten Sitzung und rief dann auf Anweisung Honeckers die zu behandelnden Tagesordnungspunkte auf, eventuell geladene Gäste und Experten wurden nacheinander hereingerufen. An diese wurden höchstens kurze Zusatzfragen gerichtet. Wie Schabowski berichtete, herrschte hier »Klassenzimmeratmosphäre«! Das war ermüdend und langweilig.

In der zweiten Hälfte der 80er Jahre mogelte jedoch der Leiter von Honeckers »Briefbüro«, Hubert Ruhmke, immer häufiger

Beschwerdebriefe aus der Bevölkerung auf den Schreibtisch des Generalsekretärs, etwa zur Fleischversorgung in Bischofswerda, über Butterknappheit, Mängel in der Fahrrad- und Kfz-Ersatzteilversorgung oder die PKW-Versorgung überhaupt. So etwas waren für Honecker unnütze Schmutzflecken auf der sauberen Weste seiner sozialistischen DDR. Dann wurde Honecker in den Politbürositzungen grantig, auch wenn DDR-Künstler oder -Wissenschaftler im Westfernsehen kritisch aufgetreten waren.

Meist waren in der folgenden Diskussion sehr bald die Fachabteilungen schuldig oder die örtlichen Kreisleitungen. Mittag schob jede Kritik sofort auf den für Handel und Versorgung verantwortlichen Werner Jarowinsky ab und ließ unmittelbar nach der Sitzung die Suche nach jenen beginnen, die Honecker an ihm vorbei »in unzulässiger Weise« informiert hatten.

Gab es »nicht ganz koschere« politische Publikationen, »Republikfluchten« von Künstlern und Wissenschaftlern, wurde Kurt Hager angegriffen, der dies mit stoischer Ruhe über sich ergehen ließ und Kritik nicht, wie Mittag, auf die ihm unterstellten Abteilungen abwälzte. Er war klug genug, um die Lage im Lande und die Entwicklung im Kulturbereich richtig zu werten.

Größere Diskussionen gab es ansonsten in den Sitzungen des Politbüros selten, das Wort hatte der »erste Mann«. Demokratische Abstimmungen und Mehrheitsentscheidungen gab es nicht.

Dauerten die Sitzungen einmal länger als gewöhnlich, dann wußte man auf der »Etage« und im ganzen Haus, daß es »Probleme« gegeben hatte. Das geschah vor Parteitagen, wenn es um Berichte und Reden ging, um Personalfragen und vor allem in den 80er Jahren zu Fragen der Volkswirtschaft und zur Politik Gorbatschows oder bei oben genannten Fällen.

Im Vorsaal des Politbüros wartete stets eine Menschentraube von hohen Amtsträgern: die nach genauer Tagesordnung vorgeladenen Vertreter aus Regierung und gesellschaftlichen Einrichtungen (die Leibwächter hielten sich alle ganz in der Nähe auf!). Sie mußten oft stundenlang warten, während ihre eigentliche Arbeit liegenblieb. Darunter waren auch immer öfter Nichtmitglieder der SED, ja Angehörige anderer, der »Blockparteien«. Zunehmend waren in diesem Vorsaal bei PB-Sitzungen Modelle von Architekten und Künstlern zu Fragen der Stadtgestaltung und Industrieentwicklung aufgestellt: zur Begutachtung durch die PB-Mitglieder, zur Beurteilung durch die »obersten Fachleute«.

Hier, im Politbüro und im Sekretariat, wurden also alle Dinge für die Sitzungen des Ministerrates am Donnerstag vorab entschieden. Die Regierung war nur noch ausführendes Organ, Dienstleistungseinrichtung des Politbüros und scheindemokratisches Aushängeschild. Willi Stoph als formell oberster Entscheidungsträger im Land hatte administrativ nur durchzusetzen, was Honecker und Mittag beschlossen hatten.

Das PB entschied selbst über die Gestaltung von Autos. Einmal fuhren die Mitglieder des obersten Parteigremiums sogar in den ZK-Innenhof hinunter, um Modelle neuartiger Ausführungen der PKW vom Typ »Wartburg« und »Trabant« zu besichtigen. Das war ein wichtiger »Geheimnisfall«. Kein Mitarbeiter durfte daher während dieser Zeit den Hof betreten, ja, alle Schaulustigen wurden von den bewaffneten MfS-Posten regelrecht von den Fenstern wegkommandiert.

Hatte es eine routinemäßige Sitzung gegeben, passierte meistens nichts. Hatte es aber etwas »Besonderes«, etwa einen »Vorfall«, wie die Lesung von Markus Wolf aus seinem Buch »Die Troika«, gegeben, war er im ZDF aufgetreten, dann gab es nach dem »Krach im Politbüro« sofortige »Auswertungen« mit den Leitern der unterstellten Abteilungen und den Mitarbeitern.

Die Sekretariatssitzungen am *Mittwoch* waren kürzer. Hier wurden meist Fragen »zweitrangiger« Bedeutung beraten, Personalfragen, Delegationsreisen, Auszeichnungen und Beförderungen entschieden, auch regelmäßig die Lage im »inneren« Apparat, die Unbotmäßigkeit von Mitarbeitern diskutiert.

Am *Donnerstag* und *Freitag* vormittag wurde an den Vorlagen für die nächsten Sitzungen von PB und Sekretariat gearbeitet – das geschah auf der Grundlage eines Halbjahresplanes mit Veranstaltungskalender und Verantwortlichkeiten. Die Beschlußvorlagen gingen dann, meist mit dem Trick des vorherigen Umwegs über »E. H.« an das Büro des Politbüros, das die Materialien vervielfältigte und in den bereits erwähnten schwarzen Aktenkoffern am Freitagnachmittag an die Büros auslieferte.

Mit den Beschlußvorlagen waren die Chefs auch über Vorgänge in anderen Bereichen relativ gut informiert, ohne sich selbst vorwagen zu müssen. Man mischte sich grundsätzlich in Fragen anderer Bereiche nicht ein.

Zum Beschluß erhoben, waren die zig Aktenhefter das, womit die DDR regiert wurde, und zwar auf allen Gebieten, von der Volkswirtschaft bis zur Filmkunst oder Architektur, vom Umgang mit den Kirchen bis zur Disziplinierung eigener Genossen. Diese Beschlüsse waren das Hauptregierungsmittel, das Drehbuch des Handelns aller DDR-Institutionen auf den verschiedensten Gebieten. Ihr Inhalt bestimmte die Hauptrichtungen des Handlungsablaufs aller Machtsäulen und -instrumente des Systems. Sie gestatteten eine total zentralistische Regierungsweise. Demokratische Elemente bei dieser Form von Entscheidungsfindung, wirkliche Streitgespräche mit den Experten gab es so gut wie nicht. Die Meinung des Generalsekretärs und seines engeren Kreises entschied alles.

Diese Beschlüsse verwahrten die Chefs in ihren Panzerschränken und gaben sie nach und nach an das Büro des Politbüros zurück. Ich bekam nur wenige solcher Vorlagen, und zwar überwiegend zu internationalen und abrüstungspolitischen Fragen zu Gesicht. Auch Informationen aus den Abteilungen oder von Ministerien bzw. der Staatlichen Plankommission wurden als »Vertrauliche Verschlußsache« zur »Politbüroinformation« erhoben und gemäß Verteilerschlüssel an die Büros gegeben. Über die hierarchische Struktur von Partei und Staat wurde so bis hinunter zu untersten Gliederungen informiert und regiert.

Einmal bekam ich die Kopie eines Briefes an den Generalsekretär in die Hand, in der sich ein Parteimitglied über die stereotype Parteipropaganda beschwerte. Honecker hatte an den Rand geschrieben: »Wiederholung ist die Mutter der Weisheit!« Das entsprach voll und ganz seiner Denkweise. Was er mit seinem sehr begrenzten Bildungsstand und unter den Einflüsterungen von Mittag und Mielke für richtig hielt, galt.

Die eigentliche, sachbezogene Arbeit wurde demzufolge in den Fachabteilungen gemacht, die wiederum eng mit den parallelen Bereichen im Staatsapparat und den verschiedenen Bereichen zusammenarbeiteten bzw. ihn dirigierten. Kannten sich die »Partner« der verschiedenen Bereiche, konnte so manches »geglättet« und »unter der Hand« geregelt werden, um Unsinnigkeiten in Grenzen zu halten und Reibungsverluste zu vermeiden. Dabei wurde nicht wenig Findigkeit und auch Mut aufgebracht.

Die entscheidende Basis des langen Bestehens der DDR trotz einer erstarrten Führung mit einem verkrusteten politischen Kurs war aber die fleißige, geduldige Arbeit von Millionen werktätigen Menschen in Stadt und Land, die ihre Hoffnungen auf schrittweise Verbesserungen, mehr Demokratie und Reisefreiheit lange Zeit noch nicht aufgegeben hatten, die sich sozial relativ sicher fühlten und Veränderungen in den Machtverhältnissen auf lange Sicht für aussichtslos hielten. Nicht jedes Jubelspalier bestand ja, zum Beispiel am 1. Mai, nur aus Angehörigen der Staatssicherheit. 2, 3 Millionen Parteimitglieder, straff organisiert und bis zu »Gorbi« auch ideologisch beeinflußbar, gaben der Macht des Politbüros einen relativ starken Rückhalt. Als dieser Rückhalt auf den bekannten Kundgebungen im November 1989 auf dem Alex und vor dem Gebäude des Zentralkomitees für alle sichtbar zusammenbrach und die sowjetische Rückendeckung ausblieb – erst da und endgültig mit dem Fall der Mauer war es um die Macht der alten Herren und der von ihnen noch auserkorenen möglichen »Nachrücker« vorbei.

War man mit seinem Chef in dessen geräumigen Arbeitszimmer zur Besprechung dienstlicher Angelegenheiten allein, war es – wie schon erwähnt – in etlichen Büros durchaus möglich, Mängel und Fehler anzusprechen, bei Jarowinsky etwa, bei Felfe und Hager, bei Axen und Krolikowski. Das hing sehr von der jeweiligen Situation ab und vom konkreten persönlichen Verhältnis. Eine bestimmte Grenze durfte man aber nicht überschreiten, etwa im Hinblick auf den Generalsekretär oder die Staatssicherheit. Da wurde es sofort ungemütlich und das Gespräch abgebrochen.

Die »Mächtigen« hatten hier selbst ihre Ohnmachtsgrenze. Jenseits von ihr ging es um die persönliche Machtstellung, und die hatte stets Vorrang. Die Einsicht, daß es auch für das eigene Leben und die Familien besser sei, oder ganz und gar im Interesse der Partei, rechtzeitig zurückzutreten und jüngeren Kräften Platz zu machen, hatte niemand. Sie konnten sich ein Leben in der privaten Abgeschiedenheit, ein normales Rentnerdasein nicht mehr vorstellen. Alle, bis auf Werner Eberlein etwa, hielten sich überdies für unentbehrlich und grenzenlos erfolgreich.

Auch die Leibärzte, mit denen wir zu kooperieren versuchten, hatten keine Chance, eines der PB-Mitglieder zu überzeugen, aus gesundheitlichen Gründen aufzuhören. Als Paul Verner bei einem öffentlichen Auftreten plötzlich nicht zu überhörenden Unsinn redete, der in einer fortgeschrittenen Verkalkung seine Ursache hatte, wurde er zwar abgelöst und durch Krenz ersetzt. Aber es wurde ihm extra noch ein eigenes, etwas kleineres Büro eingerichtet, in dem er mit sich nichts anzufangen wußte. Plötzlich saß er im Speisesaal mit bei den Mitarbeitern, genierte sich nicht, nur herumzusitzen.

Eine politische Kultur, die ein freiwilliges, würdevolles Ausscheiden gestattet hätte, gab es nicht. Hinzu kam: Man kannte sich untereinander sehr lange und wußte sehr viel voneinander ... So wollte man also am liebsten im »Sessel der Macht« sein Leben lassen. Honecker wurde immer älter, und neu hinzukommende Kräfte hätten das noch augenfälliger machen können. Selbst Mittag, letztlich an beiden Beinen amputiert, schleppte sich an Krücken mit Hilfe der »Begleiter« ins ZK. Darüber sprach ich einmal mit H. Axen. Ich fragte ihn, wieso sich ein so kranker Mensch noch zur Arbeit begebe. Entweder er ist so auf die Partei eingeschworen oder er ist überaus ehrgeizig oder aber ... Axen unterbrach mich: »Deine dritte Vermutung kann ich mir denken, und wahrscheinlich hast du da recht!« Selbst solche Gespräche waren hin und wieder möglich. Sie waren aber mehr als gefährlich, in diesem Falle für Chef und Mitarbeiter.

Mittag hatte die DDR 13 Milliarden Mark für ein Mikroelektronikprogramm verschleudern lassen, mit dem man angeblich die Weltspitze erreichen könne. Er zog alle wirtschaftlichen statistischen Angaben an sich und verhinderte zu 95 Prozent jegliche Diskussion im Politbüro über Versorgungsengpässe, über die Wartezeiten, Preise und die Qualität bei Autos und Heimelektronik etwa, über verfallende Städte, über die gravierenden Umweltsünden, die anachronistische Infrastruktur von den Straßen über das Schienen- bis hin zum Telefonnetz. Alle ökonomischen Angaben in Reden und Artikeln der anderen PB-Mitglieder, vor allem die Berichte an die ZK-Tagungen, mußten ab 1984/85 nach Absprache Mittags mit Honecker einer beauftragten Vertrauensperson des Wirtschaftssekretärs zwecks »Harmonisierung der Zahlen« gegenüber der Partei und der Öffentlichkeit vorgelegt werden. Die Klasse »Umweltschutz« an der Akademie der Wissenschaften wurde auf direktes Betreiben Mittags geschlossen, der von dort kommende exakte Analysen fürchten mußte. Selbst der Chef des Zentralamtes für Statistik der DDR, Donda, hatte keinen Zugang zu den wirklich entscheidenden Volkswirtschaftsdaten. Mittag, der nur kurzzeitig einmal in den Staatsapparat hinüberwechseln mußte, nachdem er einen ZK-Abteilungsleiter körperlich angegriffen hatte, unterdrückte in engem Zusammenwirken mit »seinen Leuten« im MfS jede Kritik, schrie jeden an, der seinen verhängnisvollen Wirtschaftskurs nicht mitmachen wollte, ließ am laufenden Band Leute »fertigmachen«. Seine Machtposition an der Seite Honeckers beschnitt den Einfluß und das Mitspracherecht anderer PB-Mitglieder erheblich. Viele von ihnen resignierten, versuchten, ihre unwürdige Situation zu verdrängen, und griffen nicht selten zu Ersatz- und Scheinaktivitäten.

Ich kenne nicht die Praxis aller Büros im einzelnen. Aber der Versuch, die Mitarbeiter untereinander gegenseitig auszuspielen, schien zum Standardreservoir einiger Politbüro-Mitglieder zu gehören. Dabei wurde besonders die Ergebenheit, ja Hörigkeit von Angehörigen der »ersten« Funktionärsgruppe gegen die der anderen ausgenutzt.

Ich weiß nicht, wie viele Menschen so etwas über längere Zeit ertragen könnten. Bei mir war nach einem Jahr erstmals die absolute Schmerzgrenze erreicht. Axen wollte mich aber nicht verlieren und drängte beharrlich die Ärzte, mich wieder aufzupäppeln, was auch geschah.

So erging es nicht wenigen der Mitarbeiter der »zweiten« Funktionärsgruppe auf der Politbüroetage. Bei meinem Vorgänger, Dr. Herbert Barth, der ins Außenministerium zurückkehren konnte und dann dort die Hauptabteilung USA übernahm, waren zwei Jahre vonnöten, um ihn psychisch und physisch wieder aufzubauen. Auch er hatte zuvor jeden Handlungstrieb, jede Lebenslust eingebüßt und sich zuletzt nur noch mit Bergen verschiedenster Medikamente einigermaßen über Wasser halten können.

Wir alle erlebten, nicht erst nach 1985, sondern schon 1972/73 nur noch willkürliche Schönungen des Tatsächlichen, doktrinäre Floskeln und Ergebenheitsadressen an den Generalsekretär Honecker. Selbst die Familie unseres Chefs wollte da nicht mehr mitspielen und fand das Ganze abstoßend. Aber die »Viererbande« im Politbüro hatte alle Fäden in der Hand.

Klar war unter einsichtigen Freunden in der »Etage«, im ZK-Apparat, bei einzelnen Bezirkssekretären, wie Modrow, auch im Gespräch mit Gorbatschow-Mitarbeitern, wie Wadim Sagladin: Wenn die dringend notwendige Erneuerung von den Greisen blokkiert wurde, mußte eine *neue Führung* her! Nur, dieses Gefühl hatten nicht wenige schon auf dem IX. Parteitag. Die Führung überlebte aber auch noch den X. und XI. Parteitag und wollte sich allen Ernstes 1990 auf dem XII. Parteitag noch einmal wählen lassen. Nur für sehr kurze Zeit, nach dem VIII. Parteitag 1971/72 etwa, war die Atmosphäre im Apparat aufgelockerter gewesen. Dann obsiegten Personenkult und Gruppenmacht.

Breshnew und Tschernenko stützten Honecker und seinen zunehmend sterilen Kurs. Andropow und Gorbatschow sahen die prekäre Lage an der Spitze der SED und anderer »Bruderparteien«. Mit Rücksicht auf die noch eigenen schwachen Positionen des sowjetischen Reformansatzes schoben sie aber Veränderungen an der »obersten Linie«, an der Grenze zur NATO, immer wieder auf.

Auch Vertreter der SED, die ab 1986 in Moskau auf rasche Veränderungen in Berlin drängten – der Autor weiß, wovon er redet – und über persönliche Kontakte danach immer wieder, wurden zurückgepfiffen und zum Abwarten aufgefordert. Als Moskau sich dann entschloß, zum 40. Jahrestag der DDR die Dinge zu regeln, war es viel zu spät.

Bezeichnend war aber auch: Aus dem ZK-Apparat selbst heraus stand in der Wende keine wirkliche Führungspersönlichkeit zur Verfügung. Die meinten, es zu sein, versagten kläglich. Andere waren über die Jahre hinweg immer wieder rechtzeitig ausgebootet oder in die Provinz abgeschoben worden. Eine nicht unbeträchtliche Zahl kluger Leute war kaputtgespielt und müde gemacht worden.

Warum haben so viele »Durchblick« besitzende Funktionäre so lange mitgemacht, warum löste man sich nicht rechtzeitig von verkrusteten Strukturen und Herrschaftsmethoden, so fragen heute zu Recht viele Bürger. Aber die Frage sei gestattet: Ging das überhaupt in diesem System? War es nur Feigheit, nackte Existenzangst, die so viele bis zuletzt und zum Teil sogar danach »durchhalten«

ließ? Das mag auf einen Teil der ZK-Mitarbeiter und des Parteiapparates zutreffen, ist aber nicht zu pauschalisieren. Es spielte vieles mit, darunter Dinge, die man auch heute nicht mit Verachtung in den Schmutz treten oder mit blinder politischer Rache, etwa bei Rentenbemessungen u. ä., verfolgen sollte. Dazu gehören die *Grundüberzeugungen* und *Grunderfahrungen* nicht weniger Menschen. Diese sind weder nach dem Grundgesetz, dem bürgerlichen Recht überhaupt, noch aus moralischer Warte undifferenziert als Unrecht und als strafwürdig einzustufen. Vor dem Grundgesetz ist jeder gleich, heißt es, unabhängig von seiner Religion oder seinen politischen Überzeugungen. Je eher das auch für alle jene Ostdeutschen gilt, die früher politisch aktiv waren, ihren Idealen anhingen, aber keine Straftat begangen haben, desto eher könnte der Prozeß des Zusammenwachsens der Deutschen vorankommen.

Da gab es zum Beispiel bei nicht wenigen Mitarbeitern sowohl des Partei-, des Staats- als auch des Sicherheitsapparates und bei großen Teilen der Bevölkerung lange Zeit gewichtige Arbeits- und Durchhaltemotive, einige möchte ich nennen:

1. Da war die Hochachtung vor jenen Führungspersönlichkeiten, die aus den Konzentrationslagern der Faschisten, aus dem sowjetischen und westlichen Exil zurückkehrten und 1945 im engen Zusammenwirken mit der sowjetischen Siegermacht, in klarem Bekenntnis zum Potsdamer Abkommen den Wiederaufbau einleiteten und eine antifaschistisch-demokratische Ordnung zu ihrem Ziel erklärt hatten. Sie überzeugten in den Nachkriegsjahren nicht wenige Menschen, sich aktiv gegen Krieg, Faschismus, Ausbeutung, für soziale Gerechtigkeit und ein besseres Leben der Werktätigen einzusetzen. Sie kamen meist selbst aus Arbeiterfamilien, hatten schon in der Kindheit Armut und Massenelend im Kapitalismus kennengelernt oder von ihren Eltern davon erfahren. Sie wußten um die Auswirkungen mangelnden Eigentums und unzureichender Bildung. Sie sahen es als zutiefst ungerecht an, daß die Kinder reicher Eltern von vornherein privilegiert waren und nicht »malochen« mußten. Sie traten daher für eine bessere als die kapitalistische Lebensweise ein. Natürlich übertrieben dabei viele die »Gebrechen« des Kapitalismus und sahen die »Alternativerfolge« der »neuen Ordnung« völlig überhöht und einseitig. In dem Maße, wie das den Menschen bewußt wurde, ließ die Wirkung dieses Motivs nach.

2. Viele sahen den »engen Bruderbund« mit der Sowjetunion als für immer gegeben und unabänderlich an. Sie glaubten an die »grandiosen Erfolge« dieses ehemals so rückständigen Riesenreichs. Sie glaubten, daß sich die enormen Fortschritte »des Sozialismus« in der Verteidigungs- und Raumfahrtindustrie ohne weiteres auch auf die zivilen Lebensbereiche übertragen ließen, wenn man erst einmal den »Imperialismus« zur Abrüstung gezwungen habe. Ein reales Bild vom tatsächlichen Alltagsleben des einfachen Sowjetbürgers hatten nur wenige. Die sowjetischen Gesprächspartner stellten ja selbst das »Kolossale« ihrer Erfolge immer wieder heraus. Kritische Informationen kamen von dort zunächst zögerlich und dann erst mit Gorbatschow. Nur einigen wurde bewußt, daß die Atomraketen und Raumschiffe unter ungeheuren Anstrengungen organisiert und mit dem Lebensstandard ganzer Völker bezahlt wurden. Auch aus der DDR ging jede selbst erarbeitete oder von MfS-Spezialisten »beschaffte« neue wissenschaftlich-technische Erkenntnis, die auch militärisch nutzbar schien, in den sowjetischen militärisch-industriellen Komplex, dessen Existenz niemals zugegeben wurde. Andere wußten um diese Dinge, »richteten sich aber ein« unter dem Schirm starker sowjetischer militärischer Präsenz.

3. Viele waren stolz auf die Aufbauerfolge in den unmittelbaren Nachkriegsjahren, die ohne Marshall-Plan, ohne die in sowjetischer Hand befindlichen Großbetriebe, trotz der hohen Kosten für die sowjetische Truppenstationierung und dann die Aufstellung eigener Streitkräfte erreicht wurden. In täglicher Konfrontation mit den Herausforderungen und Verlockungen des reicheren deutschen Staates westlich der Elbe war es trotzdem gelungen, im »sozialistischen Lager« in wirtschaftlicher und teilweise auch technologischer und lebensstandardmäßiger Beziehung eine, relativ gesehen, bessere Position zu erlangen. Nicht wenige glaubten lange Zeit der Behauptung, daß dies der »schöpferischen Anwendung« der »Lehren von Marx, Engels und Lenin« zuzuschreiben sei. Das war aber nicht die Mehrheit.

Die Überzeugung aber der meisten der Mitarbeiter der »Apparate«, wirklich alles »für das Wohl des Volkes« zu tun, ließ sie ausharren und oft 14–16 Stunden am Tag arbeiten. Das vor allem hielt den »Apparat« und die Partei bis Anfang der 80er Jahre ziemlich fest zusammen, mehr als alles andere.

4. Das politische System der DDR unter Führung der SED mit Blockparteien, Gewerkschaften und anderen Massenorganisationen schien lange Zeit stabil. Die ständige Erweiterung des Sicherheitsapparates sahen zwar viele als kritisch und kontraproduktiv an. Die scharfen Angriffe der »anderen Seite« im Kalten Krieg schienen es aber zu rechtfertigen, sich gegen den »Revanchismus« verteidigen zu müssen. Es war ja unbestreitbar, daß alte Nazigrößen die BRD mit aufgebaut hatten, wie Globke, Heusinger und Filbinger, daß es Revanchistenverbände gab und die DDR sturmreif gemacht werden sollte. Das erzeugte eine regelrechte »Festungsmentalität«.

5. Peu à peu wurde die DDR international anerkannt, nahm aktiv und gleichberechtigt am Abrüstungs- und KSZE-Prozeß teil, war Mitglied der UNO geworden. Auch ich erlebte viele hohe westliche Würdenträger, die die »beachtlichen Wirtschafts-, Bildungs- und Wissenschaftsleistungen«, die »enormen sportlichen Erfolge« der DDR in offiziellen Gesprächen geradezu schwärmerisch bewunderten, vor allem auch den aktiven und selbstbewußten Beitrag der DDR zur Friedenssicherung in Europa. Da gaben sich Regierungschefs, Parteiführer und Wirtschaftskapitäne in immer kürzeren Abständen die Klinke in die Hand, und zwar die Vertreter *aller* politischen Richtungen, keinesfalls etwa nur der SPD! Die meisten von ihnen müssen diesbezüglich im November 1989 einen Gedächtnissturz der Sonderklasse erlitten haben. Die internationale Anerkennung und die sportlichen Erfolge erzeugten auch in der Bevölkerung Genugtuung. Es stärkte die leise Hoffnung, mit der Überwindung der internationalen Isolierung auch innenpolitisch weiter voranzukommen. Das sollte sich als besonders tragischer Irrtum für alle jene erweisen, die am Sozialismus im Grunde genommen festhalten und ihn »verbessern« wollten.

6. Die SED war eine festgefügte Partei auf der Basis des »demokratischen Zentralismus«, was in der Praxis hieß: Anweisung von oben – strikte Befolgung von unten. Die Furcht von einer »Aufweichung« der Partei hatten schon die alten KPD-Kader aus der Weimarer Zeit und der Zeit des sowjetischen Exils der SED von Anfang an, sozusagen schon genetisch, fest eingepflanzt. Andersdenkende wurden sehr schnell als »gegnerisch« und »unzuverlässig« eingestuft. Der politische Absturz war unmittelbar mit dem sozialen verbunden. Wehren konnte man sich gegen die »Kontrollmechanis-

men« von Partei und Sicherheitsorganen als einzelner nicht. Die Angst der SED-Führung vor einer Aufweichung der Partei wuchs mit dem Kurs Gorbatschows erheblich und war bis zuletzt viel größer als die Furcht etwa vor den kirchlichen Oppositionsgruppen, die man rechtzeitig und flächendeckend unterwandert hatte.

7. Die Mehrzahl der Mitarbeiter war nicht gerade stolz auf die übliche, aber auch von den Sowjets *bis zuletzt* gutgeheißene Art von Volkskammer- und Parteiwahlen. Keiner glaubte, daß in irgendeinem Land 99 Prozent der Bevölkerung die gleiche Meinung, auch noch die »von oben« gewünschte, haben könnten. 51 Prozent wären ja auch ausreichend und legitimierender gewesen, wenn jeder Wähler ungehindert die Wahlkabine zu nutzen gehabt hätte. Man wußte auch um den Mechanismus der Auswahl der Kandidaten, beruhigte sich aber damit, daß zu den üblichen »Kandidatenvorstellungen« selten Einwände kamen und nur wenige Bürger erschienen waren. Zudem würden ja auch im Westen nur wenige Funktionäre die »Vorauswahl« der Kandidaten bestimmen. In der BRD seien nur 4 Prozent der Wähler parteimäßig organisiert. Also würden nicht einmal 2 Prozent die Vorauswahl für den Kanzlerkandidaten einer Partei treffen. Solche Vergleiche hinkten zwar sehr, verfehlten aber anfangs ihre Wirkung nicht.

8. Lange Zeit hielt die eingebleute Überzeugung, daß der »wissenschaftliche Sozialismus« das theoretisch bessere und erfolgreichere Entwicklungskonzept als der Kapitalismus besitze. Die Wurzeln für Krieg, Elend und Wettrüsten wurden im kapitalistischen Streben nach Expansion und Weltherrschaft gesehen. Wenn im eigenen Land andere Probleme vernachlässigt wurden, wie etwa der Umweltschutz, so waren der vom Kapitalismus erzwungene Rüstungswettlauf, seine Totrüstungsstrategie schuld.

Derlei Grundüberzeugungen waren es, die das Denken und Handeln vieler Parteifunktionäre und der Mitglieder lange Zeit bestimmten, sie motivierten. Aufkommende Zweifel verdrängten viele über lange Zeit in sich selbst mit Rückgriff auf diese »Grundüberzeugungen«, die in gewisser Hinsicht wie ein Medium wirkten. Die Stärkung dieser Überzeugungen wurde ja auch durch ein ausgeklügeltes Schulungs- und Agitationssystem immer wieder forciert. Die Kapitalismuskritik schien durch sozialkritische Sendungen im Westfernsehen Bestätigung zu finden.

Spätestens mit Gorbatschow und seiner Darstellung von Geschichte und Gegenwart in der Sowjetunion und in der »kommunistischen Weltbewegung« gerieten jedoch bei nicht wenigen diese Grundüberzeugungen stark ins Rutschen. Man hatte noch nicht die entlarvenden Bücher eines Manés Sperber, von Köstler, Leonhardt usw. in der Hand. Aber zunehmend fragten sich viele nachdenklich Gewordene, ob nicht die alten Herren in der SED-Führung gerade jene stalinistischen Praktiken überlebt, weil mitgemacht hatten, die nun unter Gorbatschow in der sowjetischen Geschichtsschreibung offen angegriffen wurden. Was früher als »gegnerische Hetze von Renegaten« abgetan wurde, schien doch nicht ohne Wahrheitsgehalt zu sein. Waren die »Besseren« oder die »Schlechteren« aus KZ und Exil zurückgekommen, begannen sich einige zu fragen und erinnerten sich erneut an die Enthüllungen des XX. Parteitages der KPdSU. Die Unzufriedenheit mit der Versorgungslage, mangelnder Reisefreiheit und stereotyper Propaganda nahm zu und wurde in Versammlungen auch der Partei immer offener angesprochen.

Das war es aber auch schon. Keiner, der von Position, Einfluß und Verbindungen her vielleicht den »Aufstand« hätte wagen können, wagte, ihn zu organisieren. Die es im Ansatz versuchten, wurden sofort »entfernt«. Jede »Grüppchenbildung« wurde als bedrohlich verfolgt und schon im Ansatz zerstört.

Wer nicht pariert, der fliegt

»Wer nicht pariert, der fliegt!« – das war die eindeutige Maxime der Honecker, Mielke, Mittag, Herrmann, Hanna Wolf, Fritz Müller und der Überwachungsbereiche der STASI. Parieren, das hieß, die jeweilige Linie der Partei bedingungslos und unkritisch mitzumachen. Wer nicht »parierte«, den erwarteten in der ersten Stufe Auseinandersetzungen im Arbeitskollektiv und in der Parteiorganisation, »Parteiverfahren« mit Vorwarnung, Rüge, strenge Rüge, Ausschluß, Überwachung und Schlimmeres.

Die Geschichte der SED unter Ulbricht ist reich an Auseinandersetzungen mit »Andersdenkenden«, mit parteimäßigen Bestrafungen und strafrechtlicher Verfolgung in Unrechtsprozessen. Unter Honecker geschah das in den meisten Fällen verdeckter, über die

»leise« Entfernung und Umsetzung der Betroffenen in »abgeschottene«, weniger einflußreiche Einrichtungen, wie Akademie der Wissenschaften und Massenorganisationen. Man versuchte, durch einen »weichen Aufprall« mit ständiger Überwachung unkontrollierbaren Widerstand auf der Straße etwa zu unterbinden. Meistens gelang das, da alle Betroffenen erst einmal Zeit brauchten, das ihnen Angetane seelisch zu verkraften.

Aber namhafte »Fälle« der gleichen und direkten Art von »Abwicklung« wie unter Ulbricht gab es auch. Das Ende hieß dann Hohenschönhausen und Bautzen II. Meist war bei »ernsteren Fällen« das MfS Ermittler, Verhörer und Vollstrecker. Die politische Entscheidung wurde jedoch von Politbüro-Mitgliedern im Verein mit dem »Kaderbereich« getroffen oder auch vom Minister oder Staatssekretär. In der Person von Schalck-Golodkowski war gleich beides vereint. Auch er ließ Mitarbeiter unter falschen Beschuldigungen »entfernen« und für viele Jahre einsperren. Frau Martina Hagemann aus Berlin-Treptow ist eines seiner Opfer. Sie wurde beschuldigt, Anhänger der »Konvergenztheorie« zu sein. Als sie mir in ihrer kleinen Wohnung in der Karl-Kunger-Straße erzählte, was sie erlebt hatte, sagte ich mir: Wie glücklich bist du eigentlich noch davongekommen!

Furchtbar muß es gewesen sein, wenn man nach der Verhaftung und entwürdigenden Unterbringung und Kleidung auch gleich noch seine politische Überzeugung und Parteimitgliedschaft abgesprochen bekam, von jüngeren Stasi-Vernehmern, die sich als *die wirklichen* Vertreter und Verteidiger des Sozialismus hinstellten. Martina Hagemann nahm man sogar ihren Ehemann, auf den man eine junge KOKO-Mitarbeiterin ansetzte. Schweres hat sie durchgemacht. Die rechte Hand zitterte unaufhörlich. Sie hat heute noch Angst, lobt aber auch ihre Richterin, die ihr gleich nach ihrer Entlassung im Zuge einer Amnestie das vom MfS inszenierte Prozeßdrama schilderte und sich rührend darum bemühte, ihr beim Wiederaufbau einer Existenz zu helfen. Auch das gab es. Es hebt aber das geschehene Schreckliche in keiner Weise auf. Auch ganz »oben« wurde immer »rechtzeitig aufgeräumt«.

Da war zunächst Konrad Naumann, der in »seiner« Berliner Parteiorganisation einen starken Rückhalt zu haben glaubte. Als der stadtbekannte Sauf- und Hurenbold in leicht angetrunkenem

Zustand in einer Lektion vor der Akademie für Gesellschaftswissenschaften die Politik Honeckers angriff, war es schon Stunden nach dem vom Institutsdirektor an Honecker und Hager geschickten Bericht um Naumann geschehen, kein Mensch verteidigte ihn.

Naumanns Angriffe auf Honecker, Mittag, Hager und J. Herrmann entsprangen jedoch nicht plötzlicher Eingebung oder einem zu hohen Pro-Mille-Gehalt in seinem Blut. Er hatte schon 1980/81 begonnen, den von Honecker befohlenen Kurs anzugreifen, vor allem die zunehmende Loslösung der Partei von den Arbeitern, deren Stimmung er von vielen Besuchen in Berliner Großbetrieben recht gut kannte. Er hatte ein sehr enges Verhältnis zum sowjetischen Botschafter Abrassimow. Beide verband ein recht grobschlächtiger Charakter. Naumann glaubte, neben Moskau auch Teile der NVA und der Sicherheitsorgane hinter sich sammeln zu können. Das muß er aktiv betrieben haben, denn 1984 hörte ich erstmals von einem Mitarbeiter Honeckers, Naumann mache sich sehr stark gegen den Generalsekretär und habe ein solches Hinterland hinter sich versammelt, daß er an die Spitze gelangen könnte. Als er dann aber den obengenannten Vortrag hielt, in welchem er vor allem kritisierte, daß der ZK-Kultur- und Wissenschaftsapparat nur noch dazu da sein den Künstlern Häuser, Datschen, Auslandsreisen und Telefonanschlüsse zu vermitteln, die Medienpolitik nur noch in einem abstrakten Parteichinesisch die Unfehlbarkeit Honeckers herzustellen habe und daß die Preispolitik Arbeiterinteressen und den Beschlüssen des VIII. Parteitages widerspreche, war kein Hinterland in Sicht. Alle PB-Mitglieder verurteilten – in einer ausnahmsweise lebhaften und leidenschaftlichen Diskussion – Naumann wegen seiner Angriffe auf die »Generallinie« und die »Einheit der Partei« sowie – zu Recht – seine Saufgelage, bei denen er immer wieder angekündigt hatte, den »Laden bald zu übernehmen«, wobei sich dann »nicht wenige gratulieren« könnten. Rabulistisch wie Naumann war, hob er sich doch von den Langweilern und Abnickern im PB deutlich ab, was ihn bei nicht wenigen Berliner Arbeitern zeitweilig Sympathie einbrachte. Sein ausschweifendes Leben, die Ehe mit Vera Oelschlegel, die man in Berlin nur als »Vera Oelschenkel« kannte und ihre Beförderung zur TIP-Chefin, Gerüchte, daß Naumann für sie extra ein Theater bauen lassen wollte, beschädigten sein »kraftvolles Image«.

Honecker benutzte die Gelegenheit, die »Einheit und Geschlossenheit« der Parteiführung auf seine Art wiederherzustellen. Alle stimmten zu, nachdem sie sich als scheinheilige Moralapostel aufgespielt hatten, Naumann aus dem PB und ZK auszuschließen, aus »gesundheitlichen« Gründen natürlich. Er wurde ins Potsdamer Zentralarchiv verbannt. Das war der erste schwere »Personalfall« eines von Honecker angeführten Politbüros.

Es folgte der »Fall Häber«. Als Herbert Häber vom Leiter der Westabteilung sehr schnell auch zum Mitglied des Politbüros und Sekretär des ZK gemacht wurde (Häber war ein hochbefähigter Analytiker und Politiker, ein in der BRD bei allen hochgeschätzter Gesprächspartner), erregte das bei vielen anderen Funktionären Neid und Mißgunst. Vor allem Mittag, Mielke, Herrmann und Dohlus war es suspekt, schien doch da eine Art neuer Werner Lamberz ganz schnell nach ganz oben zu steigen und ziemlichen Einfluß auf den Generalsekretär zu nehmen. In einer Phase nervlicher Überbelastung wurde Häber mit Psychopharmaka vollgestopft und aus einem ZK-Heim in ein Sanatorium abtransportiert, was ich selbst beobachten konnte. Als die Medikamente vom Arzt des Sanatoriums in Bernburg sofort abgesetzt wurden, war Häber nach wenigen Tagen wieder gesund. Doch es folgte Amtsenthebung und Strafversetzung in unmittelbarer Regie von Honecker, Mittag und Mielke. Häber hat mir noch vor der Wende unter vier Augen Einzelheiten berichtet. Häbers Fehler war, zu früh, noch am Anfang der Modrow-Zeit im Fernsehen über das Geschehene zu berichten, was so manchem erklärlicherweise nicht in den Kram paßte. Ich bin ganz sicher: Ein an und für sich völlig gesunder, außerordentlich kluger Mensch wurde regelrecht »fertiggemacht.«

Als Markus Wolf, der MfS-Aufklärungsschef, vom ZK-Sekretariat ohne Dank aus seinem Amt »verabschiedet« wurde, was sich rasch herumsprach, schreckten selbst die mutigsten unter den kritischen Geistern zurück: Wenn selbst solch ein Mann, mit einem nicht unwichtigen Teil des Sicherheitsapparates und der Sowjetunion im Rücken, einer der legendärsten Gestalten der deutschen Emigration in der Sowjetunion, Anhänger des Reformkurses Gorbatschows, wie sein Buch »Die Troika« bezeugte, ein auch im Westen immer wieder als »Hoffnungsträger« apostrophierter Mann, einfach so abgeschoben werden konnte, dann schien jeder offene Widerstand innerhalb der Partei sinnlos. Wer sollte es dann noch wagen? Vor allem, was war mit Gorbatschow und seiner Mannschaft los, nur noch das Nachholen einer »ehrenvollen Verabschiedung« mit Orden durchsetzen zu können? Warum ließ sie zu, einen der klügsten politischen Akteure in der DDR nur noch als Schriftsteller agieren zu lassen? Wollte man Honecker etwa weiter erdulden, oder sollte Wolf im verborgenen eine »Wende« mit vorbereiten helfen?

Das Politbüro mit seinen 21 Mitgliedern und fünf Kandidaten fühlte sich allein dafür zuständig, wie die kommunistische Ideologie auszulegen ist, was also »abweichlerisch« ist oder dazu führen könnte. Das entschied in den 80er Jahren Honecker, den »Hinweisen« Mielkes und den Einflüsterungen Mittags stets nachgebend, wie ein absolutistischer Monarch. Oppositionelle Gruppen außerhalb der Partei wurden als sozialismusfeindlich, konterrevolutionär, von westlichen Diensten gesteuert diffamiert und an den Rand der Gesellschaft gedrängt, isoliert, durch die Stasi unterwandert und schließlich wie »lästige Landeskinder« in den Westen abgeschoben, gegen Entgelt natürlich.

»Auffallendes«, sozusagen »untypisches« Verhalten im Parteiapparat wurde möglichst schon im Ansatz ausgemacht, um »unzuverlässige« Schräubchen als besonders gefährliches »inneres Gefahrenpotential« sofort auswechseln zu können. Das erschien auf der »Führungsetage« von besonders gravierender Bedeutung. Daß »kleine Mitarbeiter« so nebenbei abgeschoben wurden, hatte ich schon 1974 erfahren. Bereits wenige Tage nach meiner Arbeitsaufnahme auf der Führungsetage des ZK suchte mich ein persönlicher Mitarbeiter des damaligen Oberbürgermeisters von Ostberlin und Mitglied des PB, Friedrich Ebert, auf. Konny Fischer war Mitglied und »2. Mann« in der Parteileitung der Etage und hatte wohl den Auftrag, mir auf den Zahn zu fühlen, mich auf »strikte Zurückhaltung« in Gesprächen, bei öffentlichen Auftritten und bei »Verbreiten politischer Witze« zu trimmen. Schon kurze Zeit danach war er selbst »entfernt« und an das Institut für Marxismus-Leninismus strafversetzt worden. In der nächsten Parteiversammlung wurde lapidar mitgeteilt: »Es hat eine Störung des Vertrauensverhältnisses gegeben. Konny Fischer hat eine andere Aufgabe übernommen.« So schnell ging das also.

Ich selbst erhielt von Mitarbeitern des Büros Honecker ab Mitte der 80er Jahre immer wieder direkte Warnungen ausgesprochen. Etwa so: »Du solltest an folgendes denken: Wenn in diesem Haus Tausende graue Spatzen entschlossen sind, die vier bis fünf bunten Papageien zu killen, die es hier gibt, dann sind diese verloren. Du scheinst ein so buntes Tierchen zu sein!« Oder: »Laß deine Kritik an der Korruption, es hat ja doch keinen Zweck! Sorge dafür, daß nicht nur vor unseren Büros, sondern auch vorm Büro Axen ›der Teppich glatt bleibt‹. Du bringst ansonsten auch deinen Chef in eine kritische Lage, der dich braucht und deswegen bisher gedeckt hat!«

Diese Warnungen waren sicherlich kameradschaftlich gemeint, waren auch in freundlichem Ton gehalten. Sie zielten jedoch, nüchtern betrachtet, auf bedingungslose Ein- und Unterordnung ab.

Trotzdem nutzten auch weiterhin einige von uns die Möglichkeit, durch geschickte Zusammenstellung von Informationen, Wiedergabe persönlicher Eindrücke und Erfahrungen des Alltagslebens, zum Beispiel beim Einkauf in HO oder Konsum, dem Chef »etwas zu stecken«, ihn auf Probleme konkret aufmerksam zu machen. So behauptete mein »Meister« einmal bei einer Zusammenkunft in Nikaragua, in der DDR gebe es das ganze Jahr hindurch frischen Blumenkohl. Ich widersprach ihm sofort und sagte, das sei wohl in Wandlitz der Fall, der übrige frische Blumenkohl würde von Wartenberg und Seelow frühmorgens nach Westberlin gefahren. Er reagierte scharf und abweisend, erkundigte sich aber nach der Rückkehr beim zuständigen ZK-Sekretär und Minister. Er gab mir gegenüber freimütig zu, daß ich recht hatte.

Jahre später wollte er in Sellin »Boxershorts« und Adidas-Schuhe für seinen Enkel kaufen. Der »Begleiter« berichtete mir, daß er mit Sonnenbrille und Schiebermütze von niemandem erkannt worden sei. Alle in der Schlange Stehenden seien aber maßlos empört gewesen, daß »der Opa« ohne Einkaufskorb nach vorn ging und in den Regalen herumwühlte. Unser PB-Mitglied war aber seinerseits maßlos empört, als die Verkäuferinnen ihm sagten, noch nie eine der gewünschten Waren gesehen zu haben. Wutschnaubend wurde der zuständige SED-Kreissekretär von Bergen ins ZK-Ferienheim bestellt. Dieser schilderte ihm ohne jede Angst oder Beschönigung die reale Versorgungslage auf

Rügen in Urlaubszeiten. Trotzdem wurde nachfolgend über den zuständigen Minister veranlaßt, Kinderboxershorts herzustellen oder »zu beschaffen« (was auch geschah!).

Es gab aber auch Fälle, wo die Chefs bei jemandem »Luft« ablassen mußten. So äußerte H. Axen mehrfach, daß G. Mittag »zu allem fähig sei«, das Politbüro »belüge und kommandiere«. Über die dümmliche Berichterstattung im »Neuen Deutschland« und in der »Aktuellen Kamera« regte er sich vor mir und anderen immer ungehemmter auf, selbst vor einem Mitarbeiter Joachim Herrmanns. Er hat auch 1988 Erich Honecker dahingehend angesprochen, daß er die 50 Fotos von sich regelmäßig zur »Leipziger Messe« doch gar nicht nötig habe. Honecker antwortete ihm, man müsse doch alle Gesprächspartner mit ihm zeigen oder keinen.

Die Nachrichten von »Säuberungsaktionen« in der Partei und im »Apparat« drangen nach 1985 häufiger an unser Ohr. Die Willkür einzelner PB-Mitglieder dabei war grenzenlos. Da berief Mittag eine Diskussionsrunde über die »PKW-Versorgung« in der DDR »auf hoher Ebene« ein. Stoph, Schürer, Krolikowski u. a. nahmen daran teil. Zu seiner Überraschung geladen war auch mein Kollege, Günter T., Sektorenleiter in der Abteilung Maschinenbau und mit dem Automobilbau beschäftigt. Mittag erklärte wütend, der Generalsekretär habe irgendwie von der Kritik an der mangelhaften PKW-Versorgung Wind bekommen und geschimpft. Schuld an der Lage sei der Sektorenleiter Günter T. (der immer ein Kritiker Mittags und seiner betrügerischen Wirtschaftspolitik war). Alle Anwesenden lachten laut, weil sie natürlich die wahren Ursachen und den Verantwortlichen für die Automisere kannten. Günter T. lachte vorsichtshalber nicht mit. Aber das Lachen der anderen reichte. Schon Stunden später bastelte ein persönlicher Mitarbeiter Mittags an einer kurzen schriftlichen Begründung für die sofortige Entlassung Günter T.s und seine Strafversetzung in eine Autofabrik. Sein Abteilungsleiter, mit Mittag nicht mehr klarkommend, erlitt einen psychischen Zusammenbruch und schloß sich tagelang in seinem Arbeitszimmer im ZK ein.

Der ehemalige DDR-Kulturminister Hoffmann bringt heute das Gefühl von früheren Staatsfunktionären zum Ausdruck, wenn sie bei entscheidenden Leuten im Politbüro der SED »auf Senilität, Dummheit, Charakterlosigkeit« trafen. Er habe Kurt Hager einmal gesagt: »Bei uns in der Partei wachsen mehr und mehr rote SA-Leute heran. Mit demselben Kadavergehorsam, mit derselben Obrigkeitsergebenheit. Denkende Leute gelten als gefährlich. Das ist der Tod jeder politischen Bewegung.«

Er bestätigt damit, was ich über die »erste« und »dritte« Gruppe von Funktionären zum Ausdruck gebracht habe: Die aus der KPD-Zeit ererbte Intoleranz nach dem Motto: »Wer nicht *in allem* unser Freund ist, ist unser Feind!« hatten eben Honecker, viele Mitglieder des PB, die Tradition und Gesamtanlage des »Apparates« geprägt. Es gab auch, wie Prof. Donda bestätigt, selbst in Mittags eigenem Apparat kluge und integere Leute, die Vertreter des Staatsapparates warnten, deckten und halfen, »Freiräume zu bewahren und Schlimmeres zu verhindern«. Aber oben an der Spitze entschied in den 80er Jahren immer mehr die Willkür von Honecker, Mielke, Mittag und Herrmann mit oft grausamen Folgen, die natürlich vertuscht wurden. So hatte die Dolmetscherin Ilse Stephan nach Meinung Honeckers die Worte eines hohen sowjetischen Gastes, der die Linie seines neuen Generalsekretärs, M. S. Gorbatschow, verfocht, »tendenziös« übersetzt. Honecker empfing immer weniger sowjetische Gäste seit 1985, war voller innerer Ablehnung und versuchte, die Gäste in sturer Weise von der Richtigkeit der »erfolgreichen Linie der SED« und den segnungsreichen Wirkungen des 1-Megabit-Chips zu überzeugen. Gelang das nicht, war er wütend. Das Opfer war – nicht nur einmal – der Dolmetscher oder die Dolmetscherin oder ein anwesender Mitarbeiter einer anderen Abteilung. Sprachkundige Anwesende berichteten mir, daß Ilse Stephan in dem erwähnten Gespräch völlig korrekt übersetzt hatte. Ilse S. hing sehr an ihrem Beruf, hatte viele Jahre in der Sowjetunion gelebt, dort ihren Vater durch den NKWD verloren und war erst Jahre nach dem Krieg zurückgekehrt. Sie sprach russisch so fließend wie deutsch. Honecker befahl Axen die sofortige Entlassung. Weinend kam sie zu mir ins Arbeitszimmer, sagte mir, es sei nicht um das Übersetzen gegangen, Honecker könne ja auch nur wenig Russisch. Es sei wohl »um viel mehr gegangen.« Sie fragte sich, wie lange die sowjetischen Genossen »das alles zulassen« würden. Mir war sofort klar, was sie meinte. Sie hatte die Wochen vorher mir mehrfach in meinem Arbeitsraum zugeflüstert, über die wirkliche Lage »nicht länger schweigen« zu können und ihre feste Absicht bekundigt, »die

Freunde« zu informieren. Da erfreute sich mein Arbeitsraum wohl schon spezieller elektronischer »Miniatureinrichtungen« ... Axen, der gar nicht bei dem Gespräch dabeigewesen war, ließ auch keine Rechtfertigung zu und verurteilte ihr »Tun« in scharfen, ungerechten Worten. Wenige Tage später erhängte sich Ilse S. Ein Mensch war in den Tod getrieben worden ... In einem Abschiedsbrief, der sofort von der STASI beschlagnahmt wurde, soll Ilse S., eine Verehrerin M. S. Gorbatschows, unter anderem Honecker und Axen in scharfen Worten beschuldigt haben. Eine Frau war nicht mehr am Leben, die neben W. Eberlein und B. Mahlow viele Spitzengespräche der führenden Politiker der UdSSR und der DDR gedolmetscht hatte. Sie wußte außerordentlich viel ...

Isoliertes Aufbegehren einzelner konnte unter den diktatorischen Bedingungen der Politbüroherrschaft nicht von Erfolg gekrönt sein. Der CDU-Politiker Peter-Michael Diestel hat das im Juni 1992 richtig und in mutiger Weise wider den Zeitgeist von heute ausgesprochen. Es waren Leute im Besitz der Macht, die von Kindheit an Moskau als Zentrum der Weltrevolution ansahen, die den dortigen Gebrauch der Macht respektierten und dann selbst übernahmen, noch preußische Perfektion obendrauf setzend.

»Die Revolution entläßt ihre Kinder«? Ja, Wolfgang Leonhardt, sie entließ sie bis zuletzt. Als es mich selbst im Februar 1989 zusammen mit vielen anderen »erwischte«, war ich um eine bittere Lebenserfahrung reicher: In diesem System holte man sich, *wen* man wollte, und man entließ ihn, *wann* man wollte. Der einzelne Mensch galt nichts. Wenn er seine eigene Meinung offen zum Ausdruck brachte, wurde er sehr schnell zum »Gegner«. Das galt auch für die »Abschüsse« auf der Politbüroetage selbst. Im Spätherbst 1988 hatte ich gemeinsam mit dem Sekretär Egon Bahrs in den Duisburger Mannesmann-Werken vor Arbeitern über gemeinsame deutsche Verantwortung in Abrüstungsfragen gesprochen. Ich kam mit dem Flugzeug am späten Nachmittag zurück und eilte zur »Parteiwahlversammlung« meiner Grundorganisation. Ich hätte mich »drücken« können, wollte aber hören und sehen, wie man sich in der immer komplizierter werdenden Lage noch herausreden wollte. Immerhin saßen in dieser »Parteigrundorganisation« zwei ZK-Mitglieder (Hanna Wolf als »persönliche wissenschaftliche Beraterin« des Generalsekretärs und der erste persönliche Mitarbeiter Honeckers, Staatssekretär und Leiter der Kanzlei des Staatsratsvorsitzenden), die drei Mitarbeiter Mittags usw.

Auf dem Wege zum Versammlungsraum kam mir die völlig verstörte Sekretärin Erich Mückenbergers entgegen. Ich fragte, was Sache sei. Stell dir vor, sagte sie, *die* haben beschlossen, sich auf dem XII. Parteitag 1990 noch einmal wählen zu lassen! Das kam über mich wie eine kalte Dusche. Wenige Stunden zuvor hatte ich noch die herzerfrischende Veranstaltung mit den Mannesmann-Arbeitern erlebt, fühlte mich richtig aufgeladen und nun dieser Hammer. Wo blieben nur die Sowjets und ihr entscheidender Einfluß? Tage zuvor hatte ich doch, als ich einen Brief in der sowjetischen Botschaft auftragsgemäß abgegeben hatte, zwei Stunden mit dem sowjetischen Botschafter Kotschemassow gesprochen, der meiner Lagebeurteilung voll zustimmte und meinen telefonisch sich nach meinem Verbleiben erkundigenden Chef hohnlächelnd und mit entsprechenden Bemerkungen abblitzen ließ. Die alten Herren würden es sowieso nicht mehr lange machen, meinte er. Und nun dieses.

Verstört betrat ich den Versammlungsraum. Die Versammlung hatte bereits begonnen. Ich fand noch einen Stuhl an der Seitenwand. Der Rechenschaftsbericht des Parteisekretärs, zweiter Mitarbeiter von Erich Honecker, schien sachlich zu sein und machte für jeden, der hinzuhören verstand, auf recht pfiffige Weise bereits das Kritische der Lage deutlich. Dann aber bejubelten Mitarbeiter Mittags den 1-Megabit-Chip als Supererrungenschaft, mit der man schneller als die Sowjetunion die Weltspitze erreicht habe. Nun könne man andere Probleme leichter lösen. Die anwesende Hanna Wolf äußerte begeisterte Zustimmung. Die Sowjetunion solle endlich von der DDR lernen und nicht umgekehrt.

Die meisten Sekretärinnen, aber auch die Mehrzahl der Mitarbeiter saßen stumm und mit verkniffenem Gesicht da. Da sah ich, daß mein jüngerer Bürokollege vor Wut die Beherrschung zu verlieren drohte, immer schlimmere Karikaturen auf ein Blatt Papier malte. Gleich mußte es wohl soweit sein ... Ich flüsterte ihm zu: »Laß man, bei mir ist es wohl sowieso schon egal, ich rede!«

Dann kam das, was der Honecker-Schwager Manfred Feist, der von meinem Auftreten gehört hatte, wenige Tage später als »kühne Rede vor Herrschaftsthronen« bezeichnete. Ich würdigte die Leistungen der Jenenser Arbeiter und Wissenschaftler, merkte aber an, daß die UdSSR bereits über 1 Million des »Superchips« im Jahr produziere. In Westberlin könne ich jederzeit für ein paar hundert D-Mark so ein Ding besorgen. Viel wichtiger sei aber, daß unsere Jugend danach frage, ob sie nun eine bessere Heimelektronik zu erschwinglichen Preisen kaufen könne, bessere Autos mit viel kürzeren Wartezeiten. Ich kritisierte die dümmliche Erfolgspropaganda im »Neuen Deutschland« und in der »Aktuellen Kamera« und den anderen gleichgeschalteten Blättern und bezeichnete dies als kontraproduktiv. Ich betonte, daß man nur eine erfolgreiche Außenpolitik betreiben könne, wenn die innere Lage stabil sei, und da gebe es wohl gravierende Probleme. Stille lag über dem Raum, keiner widersprach mir, keiner unterstützte mich aber auch ... *Nach* der Versammlung folgten mir einige Versammlungsteilnehmer in mein Zimmer, umarmten mich; ich sei äußerst mutig und »einfach Klasse« gewesen. Meine Sekretärin teilte mir am nächsten Tag mit, selbst die Chefsekretärinnen von Honecker und Mittag hätten sich begeistert gezeigt. Endlich hätte mal einer die Fragen angesprochen, die auch die eigenen Kinder und Enkel hatten. Ich war verblüfft, machte mir von nun an aber keine Illusionen mehr.

Und richtig, schon einige Tage danach sagte mir mein es gut mit mir meinender Parteisekretär, daß Hanna Wolf und andere nun keine Ruhe mehr geben würden. Der »Countdown« laufe bereits im Hintergrund ab, denn nun sei klar, ich hätte nicht nur zu »einzelnen Fragen« eine abweichende Meinung, sondern verfolge eine andere Linie, als es die Generallinie der Partei darstelle.

Plötzlich lagen Dinge in meinen Safes nun immer öfter frühmorgens ganz anders da, als ich sie am Vortage hingelegt hatte. Vielleicht wollten »gutmeinende« STASI-Leute mich auch nur darauf aufmerksam machen, daß etwas gegen mich im Busch sei. Denn die Veränderungen in Safes und auf meinem Schreibtisch waren schon mehr als demonstrativ! Im Telefon und im Raum gab es nun merkwürdige elektronische Rückkopplungseffekte. Wie viele offene Gespräche haben wir vorher in diesem Zimmer 2312 geführt, mit Dr. Stützle etwa, damals Direktor des Stockholmer Friedensforschungsinstitutes, heute stellvertretender Chefredakteur des »Tagesspiegels«, oder mit engen Freunden und den Mitgliedern unserer Arbeitsgruppe. Das war vom heutigen Einblickstand her wirklich naiv und purer Leichtsinn!

Ein Rundfunkmann, der in unserem Wohnhaus mit mir am 30. Dezember 1988 mit seinem großen Reportergerät einen außenpolitischen »Jahresrückblick« aufnahm, rief mich an, daß die Bandaufnahme schwere »Außenstörungen« aufnahm. Bei einem mir nicht gerade wohlgesonnenen Nachbarn tauchten Stasi-Leute auf und fragten nach meinem Privatleben. Der Nachbar forderte auch andere auf, sich gegen mich zu äußern, denn »die Stasi gehe gegen Uschner vor«. Nachbarn, die mich im Dezember 1988 darüber informierten, lehnten entrüstet ab.

Ich stand dann wohl neben 39 anderen Namen auf einer Liste mit den Namen von insgesamt vierzig als »unzuverlässig« eingestuften Mitarbeitern des zentralen Parteiapparates, von MfS, »Kader«-Müller und Horst Dohlus zusammengestellt, die im Februar 1989 im Zusammenhang mit der Gesamtsäuberungskampagne gegen Tausende »Aufmüpfige« in der SED aus dem zentralen Parteiapparat und aus Leitungsfunktionen aller Ebenen, vor allem auch in Großbetrieben, hinausgeworfen wurden.

Eingefädelt wurde die »Endstufe« eines »Abschusses« nicht selten über das MfS-Kommando Erich Honeckers. In meinem Fall war es der Honecker-Leibwächter Adi W. (der sich übrigens nach der Wende als »Honecker-Opfer« in einer der neuen Illustrierten aufspielte), wie in meiner Parteiakte der ehemalige Norden-Mitarbeiter, Heinz S., nachlesen konnte, der im Anschluß an ein zufälliges Zusammentreffen von Honecker, Egon Bahr und mir dem Generalsekretär zuraunte, daß »Uschner, der Axen-Mitarbeiter«, auf zwei Versammlungen des MfS »abfällige Bemerkungen über den Generalsekretär, den Genossen Minister, Mittag und Herrmann« gemacht habe.

Das war also *ein* Weg, um beim schon senilen Honecker die endgültige Rausschmißanweisung auf den Weg zu bringen. Die Vorbereitungen waren längst vom Spitzelapparat des MfS im Verein mit Kaderabteilung und Parteiorganisation des ZK vorbereitet worden. Mein Nachfolger war schon Wochen vorher ausgesucht, medizinische Gutachten waren über ihn eingeholt worden. Übrigens: Ich selbst habe nie auf einer Veranstaltung des MfS gesprochen, den Gebäudekomplex an der Normannenstraße bis heute nicht betreten. Daß Honecker einen solchen Unsinn auch noch glaubte, der ja einem Harikiri gleichgekommen wäre, zeigt, wie es bereits um seine Geistesverfassung stand.

Axen wurde am 18. 2. 1989 frühmorgens von Honecker angerufen. Ich sei sofort wegen »parteifeindlichen Auftretens« zu entlassen. Eigentlich müßte ich sofort inhaftiert werden. Das verhinderte Axen mit entschlossenem Einsatz und dem Verweis auf mögliche Fragen und Reaktionen der SPD-Unterhändler. So wurde, wie so oft, eine »stille Lösung« gewählt: schwere, ja tödliche Erkrankung und schon lange genannter persönlicher Wunsch, in die Wissenschaft zurückzukehren. (Letzeres war die zweite, die »Ersatzbegründung«, etwas witzlos, wann hat man je unseren Wünschen stattgegeben, und nun so plötzlich sollte das möglich sein!) Der SPD wurde, die bei der nächsten Sitzung der gemeinsamen abrüstungspolitischen Arbeitsgruppe SED/SPD die Gründe nach meinem Fernbleiben erfahren wollte, zunächst die erste Erklärung genannt. Das empfinde ich auch heute noch als erbärmlich, auch von jenen, die da mitgespielt und die SPD-Vertreter nicht im möglichen Augenblick mit der Wahrheit bekannt gemacht haben.

Ich fühle mich deswegen keineswegs als herausragender Held. Ich hatte viel zu lange mit anderen »Durchblickenden« gute Miene zum bösen Spiel gemacht und trage da auch einen ganz schönes Packen Mitverantwortung mit mir herum. Als ich dann immer direkter und auch unvorsichtiger meine eigene Meinung sagte, habe ich die positive Resonanz unzähliger Menschen gespürt, sie nachdenklich gemacht, mich mit ihnen eins gefühlt. Das war es schon wert!

Wie ich über die Ehefrau eines früheren Stasi-Majors, eine heute in Augsburg lebende Physiotherapeutin, schon im November 1989 erfuhr, soll man in meiner Dossiermappe, die dem Major (von der Ausbildung her »Spurensucher der K«) vorlag, zu dem zusammenfassenden Resultat »Der gegnerischen Einflußnahme (SPD) erlegen!« gelangt sein. Meine Post hatte man seit Jahren auf mit »Geheimtinte« geschriebene Nachrichten seitens der SPD untersucht, aus- und eingehende Post natürlich. Welch eine Lächerlichkeit, wo ich doch laufend auch allein nach Bonn reisen durfte, wo ich doch die direkte Möglichkeit des Informationsaustauschs hatte!

Auch andere, denen Ähnliches oder sogar Schlimmeres widerfuhr, empfanden eines als besonders verletztend: Über Nacht vergessen 95 Prozent deiner Freunde deinen Namen, deine Adresse, deine Telefonnummer. Du stehst im Abseits, keiner holt dich je wieder, zumindest stehen die Chancen 1:1000. Meist wird dir nach einiger Zeit noch Dreck hinterhergeworfen. Obgleich deinem Rausschmiß über längere Zeit einiges an Aufbegehren vorausging, wirst du heute mit wenigen Ausnahmen denen zugerechnet, die bis 5 nach 12 weitergemacht haben in Nibelungentreue, aus Hörigkeit, aus vermeintlicher Parteidisziplin, aus Blindheit gegenüber den tatsächlichen Vorgängen im Lande und im Ausland. Man wird mit diesen anderen Funktionärsgruppen in einen Topf geworfen, ihnen in jeder Beziehung heute auch verwaltungs»rechtlich« gleichgesetzt. Ich habe schon von einigen der »Durchhaltefunktionäre« zu hören bekommen: Na, was hat dir dein Aufbegehren eingebracht? Nur eine hohe Rente hast du dir verspielt, mit der sich als Ruheständler ganz gut leben läßt.

Außerdem hast du ja dank Axen Glück gehabt und bist relativ »weich« gefallen, anderen ist es in solchen Fällen viel schlimmer ergangen. Du bist ja auch Bahr und seinen Leuten viel zu nahe gekommen, hättest dich auch sonst mehr zurückhalten sollen!

Natürlich kann diese Art von Denken mich nicht beirren. Was mir damals, rund 10 Monate vor der Wende, besonders wehtat, war nicht die Entlassung. Ich wollte ja wirklich immer weg von *dort.* Mit einer Ausnahme: Die Mitarbeit in der abrüstungspolitischen Arbeitsgruppe mit der SPD hatte mir große Genugtuung bereitet. Ich hatte mich bis zur Grenze meines Leistungsvermögens in die Verhandlungen hineingekniet, denn es ging um Kriegsverhütung, um strategische politische Lösungen, was die Entfernung tödlicher Massenvernichtungswaffen von deutschem Boden voraussetzte. Ich hatte gute Freunde und Vertrauenspersonen unter den SPD-Unterhändlern kennengelernt, die mich in der Tat sehr beeindruckten.

Die Arbeit der Gruppe sollte wohl auch im Interesse der Betonfraktion des Politbüros sabotiert werden und sich festlaufen, nachdem wir selbst Verteidigungsminister Keßler im Herbst 1988 zur Teilnahme an einer Gesprächsrunde der Gruppe bewegen konnten. Danach erklärte er seine Bereitschaft, sich mit dem Verteidigungsminister der BRD offiziell zu treffen. Da begannen einige nicht nur im PB der SED sitzende »Altkader« wohl die politischen Folgen zu ahnen, wenn die militärische Bedrohung und Blockierung auf beiden Seiten verschwinden würde. Das mußte ja den Weg freimachen für so viele andere Dinge ... Das Feindbild war in Gefahr und damit eine der Hauptbegründungen für die Existenz der DDR. Ich war sehr traurig: Wann würde ich solche Menschen und aufrechten Sozialdemokraten wie Egon Bahr, Hermann Scheer, Erwin Horn, Karsten Voigt, Uwe Stehr und Wolfgang Wiemer je wiedersehen? Natürlich war ich auch zornig darüber, mich so lange mißbrauchen zu lassen haben, die ersten Jahre nicht schon tiefer hinter manche Dinge geschaut zu haben, nicht doch noch mehr versucht zu haben in der Partei, aber auch außerhalb ihrer Reihen.

Ich schreibe darüber, weil es so vielen Menschen in der DDR, darunter vielen SED-Mitgliedern, ähnlich oder viel schlimmer ergangen ist. Und das jahrzehntelang. Die meisten der Betroffenen haben sich nie geäußert, sind innerlich kaputtgegangen, sahen keinen Sinn mehr darin, wenigstens *nach* der Wende über die vielfältigen Formen von Machtmißbrauch und Menschenausgrenzung zu berichten. Ich halte es aber für wichtig, weil es zur Geschichtsaufarbeitung gehört. Es gab sehr wohl Widerspruch und Widerstand in der SED. Er nahm nicht jene Form an, die kirchliche Basisgruppen in der Endphase der DDR auch mit westlicher Medien- und anderer Unterstützung wagten. Die kirchlichen Oppositionsgruppen wurden ebenfalls total überwacht, aber hier gab es immer noch für den einzelnen die Chance, nach relativ kurzer Zeit von der BRD »freigekauft« zu werden.

Ich fragte einen ehemaligen leitenden Mitarbeiter der Ständigen Vertretung der BRD in Ostberlin, der zur »Lösung humanitärer« Fälle nahezu alle Gefängnisse und Zuchthäuser der DDR von innen kannte, wie viele der zahlreichen ehemaligen SED-Funktionäre in die BRD freigekauft wurden bzw. wievielen ein entsprechendes Angebot gemacht wurde. Die Antwort war Schweigen.

Ein leitender amerikanischer Diplomat in Ostberlin brachte es mir gegenüber kurz nach der Wende so zum Ausdruck: »Die kommunistischen Parteien haben in ihrer gesamten Geschichte mit Abtrünnigen kurzen Prozeß gemacht. War Inhaftierung und Schlimmeres nicht mehr möglich, gab es unzählige Varianten des politisch Kaltgestelltwerdens und physiologischen Isoliertseins. Die Sicherheitsapparate der sozialistischen Länder hatten immer vor allem die eigenen Führungsapparate vor ›Einbrüchen‹ zu wappnen.

Auch wenn sie eingesperrt worden wären, hätte man in alttraditioneller Weise dafür gesorgt, daß sie *kein* Held der neuen Bürgerbewegungen geworden wären!«

Ich muß aus heutiger Erfahrung Mr. Bindenagel in allem recht geben, auch darin, daß *vor* Gorbatschow ein offener Aufstand in der DDR nur zu Blutvergießen und Krieg geführt hätte. Gewiß, in einer kurzen Phase des Aufbegehrens des Berliner Bezirksparteichefs, Konny Naumann, wackelte die persönliche Macht Honeckers. Aber Breshnew und Tschernenko hielten ihn, und Gorbatschow wartete viel zu lange ab, bis auch er »zu spät kam und vom Leben bestraft wurde«.

»Wer nicht pariert, der fliegt!« war eine feststehende Maxime der stalinistischen Funktionäre in den zentralen Kaderbereichen. Von ihnen gingen sehr oft »Hinweise« und »Anfragen« an den immer mehr auswuchernden STASI-Überwachungsapparat, wenn einer sich aus der »Normalität verschriebener Anpassung« erhob. Insofern war die DDR ein totalitärer Staat und die SED eine totalitäre Partei. Die Kaderabteilungen und ihre Chefs waren Schaltstellen der Macht. Sie entschieden maßgeblich, wer in die Apparate geholt wurde, wie weit er an Machtzentren heranrücken konnte und wann ein Funktionär zu entfernen war. Die Legenden hierzu und die Stufe und Form der Bestrafung wurde von diesen Abteilungen mitgeliefert.

Dies aber spielt in der öffentlichen Debatte von heute merkwürdigerweise überhaupt keine Rolle. Da scheint der Schwamm der Geschichte schon darübergegangen zu sein. Man will wohl auch »prominentere« Leute bestrafen. Aber diese Kaderchefs, das waren in der Mehrzahl schon ein ganz besonders schlimmer Typ von Administrator! Die meisten leben heute sehr zurückgezogen, aber gut versorgt. Einige sind zum ehemaligen »Klassenfeind« übergelaufen und haben ihr Wissen vermarktet.

Die Macht der Mitarbeiter des zentralen Parteiapparates der SED war also eng begrenzt, weil ihr Tun und Auftreten ständiger ideologischer Überwachung durch Parteiorganisation, Arbeitsbereich und Chefs unterlag, vor allem aber auch der regelmäßigen Einschätzung und Neubewertung der Nomenklaturkader durch das Sekretariat des ZK der SED mit Rückgriff auf neue Erkenntnisse der Sicherheitsorgane.

Nomenklatura – was war das?

Der Begriff der Nomenklatur im Zusammenhang mit Personen und Dienststellungen (Kadernomenklatur) scheint in Ost wie in West recht unklar. In der Literatur dient das Wort »Nomenklatura« häufig der pauschalen Verunglimpfung aller früheren Träger von Verantwortung.

Ausgehen sollte man von den in der ehemaligen DDR als Verschlußsache behandelten »Nomenklaturrichtlinien«.

Danach gab es für jede staatliche wie wirtschaftliche Leitungsebene (Stadt, Kreis, Bezirk und Regierung) ein Verzeichnis der Positionen, für deren personelle Besetzung die besondere Zustimmung (Nomenklaturentscheid) eines bestimmten staatlichen Organs oder einer Instanz der SED eingeholt werden mußte. Diese waren mindestens jedes Jahr bzw. jedes zweite zu überprüfen.

Formal waren Nomenklaturkader im staatlichen Bereich von den Nomenklaturkadern im Parteibereich getrennt. In der Praxis jedoch waren die Parteinomenklaturen den Staatsnomenklaturen unbedingt übergeordnet, das heißt, Mitglieder des Sekretariats des ZK der SED waren gegenüber Ministern entscheidungsbefugt, Abteilungsleiter im ZK waren gegenüber Staatssekretären und gegenüber den Stellvertretern des Ministers entscheidungsbefugt (siehe Schema 1). Die in Schema 1 skizzierte Struktur existierte als Double: Durch die Kreisleitungen der SED und/oder Parteiorganisatoren (Einzelvollmacht) als Vollzugsorgan zur strikten Durchsetzung der Parteiinteressen war eine SED-Struktur vorgegeben, die in nahezu allen Ministerien, Kombinaten und Großbetrieben, Institutionen und Auslandsvertretungen schnell wirksam werden konnte.

Die *höchste* Nomenklatur war die Liste der Positionen, über die nur das *Politbüro* entscheiden konnte: Regierungsmitglieder, höchste politische Funktionäre. Das reicht von den Vorsitzenden und Leitern zentraler politischer Einrichtungen bis zu den 1. Sekretären der Bezirks- und Kreisleitungen der SED sowie den Abteilungsleitern des ZK und den ZK-Mitgliedern.

Die *zweite* und gleichzeitig *erste staatliche* Nomenklaturebene ist die Liste der Positionen, die durch Nomenklaturentscheid des *Sekretariats* des ZK und parallel dem Präsidium des Ministerrates besetzt wurden:

– Hauptabteilungsleiter, Abteilungsleiter, stellvertretende Minister und Staatssekretäre in den Ministerien,

– Generaldirektoren/Kombinatsdirektoren und Leiter von den ministeriell unterstellten Einrichtungen,

– stellvertretende Abteilungsleiter und Sektorenleiter des ZK.

Stellvertretende Abteilungsleiter und Sektorenleiter der Ministerien und der Staatlichen Plankommission gehörten zur Nomenklatur des jeweiligen Ministeriums. Hier genügte zur Bestätigung des Ministeriums die Zustimmung der jeweiligen Gliederung der SED (in der Regel Kreisleitung).

Außerhalb der Nomenklaturfunktion muß zum Bereich Angehörige der Nomenklatur des Sekretariats ZK festgehalten werden, daß diese Angehörigen alle Vorbereitungen für höchste staatliche Entscheidungen, von Ministerialentscheidungen bis hin zu den Leitlinien der Parteitage vorbereitet und erstellt haben. Die politische Verantwortung für die Politik der SED oblag dem Politbüro. Die praktischen Vor- und Zuarbeiten, die Kontrolle der Umsetzung und die Durchführung von Beschlüssen sind in erster Linie durch die Angehörigen der Nomenklatur des Sekretariats des ZK bzw. des Präsidiums des Ministerrates durchgeführt worden.

Das Nomenklatursystem bildete das Gerippe, mit dem die verschiedenen Machtstrukturen verknüpft, einheitlich geleitet und »zuverlässig« überwacht wurden. Es sicherte einerseits die Durchsetzung der vom PB vorgegebenen jeweiligen Linie und seiner Beschlüsse lange Zeit ab. Andererseits verhinderte es demokratische Wandlungen, die Entwicklung von Kreativität und Innovation, von Kritik und Reformgedanken. Es entartete in weiten Teilen zu kadermäßiger Inzucht, indem man Ehefrauen und andere Verwandte in leitende Nomenklaturfunktionen brachte.

Schema 1

NOMENKLATUR

Politbüro — universell → jede Ministerentscheidung
Sekretariat ZK — weisungsbefugt

Abteilungsleiter im ZK — weisungsbefugt → Staatssekretär
Stellv. d. Ministers

Schema 2

Politbüro

setzt ein
Regierungsmitglieder

Vorsitzende und Leiter zentraler politischer Einrichtungen

1. Sekretäre der Bezirks- und Kreisleitungen der SED

Abteilungsleiter des ZK

kontrolliert
Mitglieder und Kandidaten des ZK

**Sekretariat des ZK/
Präsidium Ministerrat**
setzt ein

Staatssekretär bis Abteilungsleiter in den Ministerien

Generaldirektoren
Leiter ministeriell unterstellter Einrichtungen

Schema 3

HIERARCHIE IN DEN MINISTERIEN

Minister

Staatssekretär

Stellvertreter des Ministers

Hauptabteilungsleiter

Abteilungsleiter

Sektorenleiter

Ober-/Hauptreferent/Bereichsleiter

Referent

Sachbearbeiter/Mitarbeiter

In dieser Hierarchie beginnt die Nomenklaturfunktion ab Abteilungsleiter, das heißt, ab Abteilungsleiter erfolgt die Ernennung mit einer Berufungsurkunde durch den Minister (nach Bestätigung durch MfS/Sekretariat des ZK/Präsidium des Ministerrates

Die Politbüroetage – ihre räumliche und personelle Gliederung

Der Gebäudekomplex

Der riesige Komplex des Gebäudes des ehemaligen Zentralkomitees der SED, das früher u. a. mal der DEUTSCHEN REICHSBANK gehörte und heute neben anderen Einrichtungen auch die Deutsche Bank beherbergt, erstreckt sich in beträchtlicher Ausdehnung zwischen Werderschem Markt, Kurstraße, Unterwasser- und Oberwasserstraße. Die größte Längsausdehnung hat er an der Kurstraße, wo das Gebäude leicht konvex nach außen gewölbt ist (in südlicher Richtung). Hier befand sich an der Ecke zum Haupteingang am Werderschen Markt die Besucheranmeldung mit einigen Besuchszimmern und einem Postschalter. In der Mitte der Häuserfront befand sich die Autozufahrt ins ZK-Innere, die zu mehretagigen Tiefgaragen und zwei großen Innenhöfen führte. Ein Stückchen weiter befand sich der Eingang zur Bezirksleitung der SED. Die gegenüberliegende Längsseite weist auf die Friedrichsgracht, die Jungfernbrücke und das ehemalige Staatsratsgebäude. Hier befanden sich eine weitere Autoeinfahrt, ein spezieller Zugang zum Sitzungssaal des Zentralkomitees und zur Abteilung »Verkehr«, die für »sehr spezielle Westarbeit« zuständig war und ihre Besucher lieber ungesehen über den Seiteneingang empfing. Außerdem befand sich dort der Zugang zu einem kleinen HO-Lebensmittelladen und zur hauseigenen ZK-Poliklinik. Die schmalste Seite des Gebäudes weist zum Spittelmarkt. Hier wurde 1985 ein moderner Anbau vorgenommen. Er sollte eigentlich dem ZK und der Bezirksleitung der SED zusätzliche Arbeitsräume bieten. Es gab jedoch Unruhe in der Berliner Bevölkerung, so daß man die meisten Räume der Akademie der Wissenschaften übergab, andere wurden als moderne Wohnbereiche für Mitarbeiter des ZK eingerichtet. Die eigentliche Vorderfront weist auf den Werderschen Markt.

Hier befindet sich ein mehrtüriger verglaster repräsentativer Eingangsbereich mit mehreren Stufen vor dem Eingang und einer zweigegliederten langen Treppe, die nach oben in die Lobby führt.

Wenn man heute vor dieser Vorderfront steht, kann man noch erkennen, wo sich das überdimensionale SED-Abzeichen befand, das dann mit dem Zerfall der SED entfernt wurde.

Das Innere des Gebäudes mit 6 Stockwerken und einer 7., der ehemaligen Speiseetage des Politbüros und leitender Mitarbeiter obendrauf gesetzt, war durch eine Vielzahl von Quer- und Nebengängen geradezu ein Labyrinth, in dem sich selbst die Mitarbeiter erst nach längerer Zeit zurechtfanden, von Besuchern ganz zu schweigen. Unter der Ebene 0 befanden sich noch 2 Keller- und zwei Tiefkelleretagen. Auf der untersten Sohle, wo auch der Geschenkkeller der Protokollabteilung untergebracht war und zeitweilig ein Schießraum, stand zum Teil von der nahen Spree her Wasser. Die 1. und 3. bis 6. Etage beherbergten die Mitarbeiter der Fachabteilungen, der Revisionskommission, der Zentralen Parteikontrollkommission, der Kaderabteilung, der Parteiorganisation und der BGL (5. Etage). In der 4. Etage war auch der ausgedehnte Bürotrakt G. Mittags untergebracht. In der 6. Etage befand sich der große Mitarbeiterspeisesaal. Von seinem Vorraum führte eine mit rotem Läufer ausgelegte Treppe zum Speiseraum des Politbüros in der 7. Etage, zu dem nur Mitglieder des Politbüros, ZK-Mitglieder, Abteilungsleiter und stellvertretende Abteilungsleiter sowie einige Sekretärinnen Zugang hatten.

In der Parterrezone mit Blick zum großen Parkplatz des ZK waren die Finanzverwaltung/Parteibetriebe und die Sparkasse untergebracht sowie die mehrfach gesicherten und gepanzerten Tresore mit dem dort gebunkerten Teil des Parteivermögens. In der gegenüberliegenden Parterrezone befand sich die Verwaltung der Wirtschaftsbetriebe im Mittelbereich zwischen den beiden Innenhöfen die hauseigene Druckerei.

Die meisten Mitarbeiter kamen von der U-Bahn-Station Hausvogteiplatz oder von den S-Bahnhöfen Alexanderplatz bzw. Marx-Engels-Platz. Der ausgedehnte Parkplatz an der großen Längsseite war in einen kleineren Besucherparkplatz und einen größeren Teil für die Mitarbeiter mit Parkerlaubnis (Selbstfahrer-»Wartburg«) reserviert. Wie alle Zugänge zum ZK-Gebäude wurde auch die

Zufahrt zum Parkplatz von Posten des MfS/Personenschutzes bewacht.

Der »Kommandant« dieser nur selten ausgewechselten Truppe saß im ersten Obergeschoß des ZK-Gebäudes mit Blick auf den Parkplatz. Dort war auch der um 17 Uhr seine Tätigkeit aufnehmende »Sonderdienst« untergebracht. Zunächst waren da reihum alle Mitarbeiter dran, um Alarm- und Havariemeldungen, Mitteilungen über besondere Vorkommnisse, national und international, entgegenzunehmen. Da hatte man dann nach genauer Anweisung gegebenenfalls den Generalsekretär oder ein anderes Politbüromitglied anzurufen. Später wurde der »Sonderdienst« mit abgeschobenen älteren Mitarbeitern der Abteilung »Sicherheitsfragen« besetzt.

In diesem Gebäudebereich befand sich auch die zentrale Poststelle, die die eingehende Briefpost sortierte; Paketpost sah man sich vorm Weiterreichen genauer an. Von hier aus wurde nahezu stündlich alle eingehende Post in die Büros der zweiten Etage und die Abteilungen gefahren. Die Morgenzeitungen holten Sekretärinnen oder beauftragte Mitarbeiter schon früh beim Betreten des Hauses von einem Zeitungsschalter ab. Überall im Hause gab es eine Vielzahl von Paternostern, Fahrstühlen und Lastenaufzügen.

Wollte man das ZK-Gebäude betreten, mußte man als Mitarbeiter seinen roten Klappausweis vorzeigen, der jährlich mit Stempel verlängert wurde, zunächst sogar halbjährlich. Dauergäste, z. B. Mitglieder von Kommissionen oder zeitweiligen Arbeitsgruppen, hatten eine gelbe Einlaßkarte mit Paßfoto. Mitarbeiter, die in das Gebäude hineinfahren durften oder gefahren wurden, hatten außerdem einen Freifahrtschein vorzuweisen. »Normale Besucher« erhielten in der Anmeldung Kurstraße einen Passierschein, einen weißen für die öffentlichen Etagen, einen rötlichen für die »zweite Etage«. Hierfür mußte aber die Anmeldung durch ein Büro oder durch eine Abteilung schriftlich vorliegen. In Ausnahmefällen wurde sie telefonisch erteilt. Vermerkt wurde, ob man eine Tasche bei sich trug. Ausstellungszeit und Eintreffen am Haupteingang wurden von den dort stehenden 2 bis 3 Posten ebenso sorgfältig überprüft wie der Personalausweis.

Ausländische Gäste wurden von der Protokollabteilung des Zentralkomitees oder beauftragten Sekretärinnen der Abteilung Internationale Verbindungen in das Gebäude begleitet und auch wieder hinaus. Die unterschriebenen und abgestempelten Passierscheine wurden beim Verlassen des Gebäudes wiederum zusammen mit den Personalpapieren einer gründlichen Prüfung unterzogen.

Abends zogen rund um das Gebäude mit MP bewaffnete Posten auf, in den letzten Jahren erhielten sie gläserne Postenhäuschen mit Telefon. Eigentlich hätte man ja derartige Sicherheitsvorkehrungen als ausreichend ansehen können. Aber nein, die »zweite Etage«, die Politbüroetage, war noch einmal besonders gesichert. Das entsprach den außerordentlichen Sicherheitsvorkehrungen in Wandlitz und anderswo.

In der »zweiten Etage« (siehe Lageskizze) befanden sich die Büros von Generalsekretär Honecker und dem Politbüromitglied und Sekretär für Agitation und Propaganda, J. Herrmann, mit ihren Fenstern zum Werderschen Markt hinaus. Die Fenster des Politbürosaales und eines Arztzimmers sowie später der Büros Mückenberger und Dohlus sowie der Büros Grüneberg/Felfe und von Kurt Hager wiesen auf die Straßenfront Unterwasserstraße mit Blick auf die Jungfernbrücke. Besucherzimmer und die Büros Axen, Verner/Krenz, Inge Lange und Werner Jarowinsky hatten ihre Fensterfronten zur Parkplatzseite hin.

Zu den Büros führten lange, größtenteils fernsterlose, neonlichtbeleuchtete Gänge, die immer wieder mit neuem Fußbodenbelag ausgelegt wurden, um dessen Farbe und Qualität zwischen einigen Politbüromitgliedern mehrere Male ein kleinlicher Streit entbrannte, so zwischen Krenz und Mittag.

Es gab hier Zugänge zu den Bereichen der Politbüromitglieder und Sekretäre des ZK, die allesamt von weiteren Posten bewacht wurden, die eine strikte Ausweiskontrolle vornahmen. Gelangte der Besucher oder Mitarbeiter über einen Paternoster oder eine Treppe in die »Postenbereiche« der zweiten Etage, so kamen die im ZK-Gebäude arbeitenden Politbüromitglieder und Sekretäre des Zentralkomitees mit ihren gepanzerten schwarzen oder dunkelblauen Luxuslimousinen vom Typ »Tschaika« und dann vom Typ »Volvo« in den Haupthof des ZK gefahren. Dort riß der »Begleiter« die Wagentür auf und flitzte mit mehreren schwarzen Taschen versehen hinter seinem »Repräsentanten« durch einen besonders bewachten und gut beleuchteten Eingang, der nur für die PB-Mitglieder da war und von niemand anderem betreten werden durfte, außer dem sowjetischen Botschafter, zu einem ebenfalls nur für die »Chefs« vorgesehenen Aufzug in den Vorraum der »zweiten Etage«. Dort sprang der Posten von seinem Tisch auf und salutierte. Den Fahrstuhl bediente ein Fahrstuhlführer oder der »Begleiter« vom MfS-Personenschutz selbst.

Alle Fahrzeuge der PB-Mitglieder wurden über Nacht in einer MfS-Fahrbereitschaft der Berliner Innenstadt untergebracht, früh morgens von dort geholt, in Wandlitz aber noch einmal hydraulisch hochgefahren und von unten sorgfältig »durchgeleuchtet«. Tagsüber waren die Fahrzeuge im großen Innenhof oder in der Tiefgarage des ZK-Gebäudes untergebracht. Fahrer und Begleiter gehörten ebenso wie das Wartungs-, Haus- und Wachpersonal zum Bereich Personenschutz des MfS. Fahrer und Begleiter hatten ihre Dienststelle in einem Ziegelbau in Weißensee, an der Ecke zu »Stern-Radio« Berlin (heute Bezirksamt Weißensee).

Alle entscheidenden Bereiche in der »Führungsetage« waren auf den Generalsekretär zugeschnitten: Wenn er aus seinem Büro heraustrat, hatte er es nach links nur wenige Meter zur Toilette, zu seinen Mitarbeitern (die er aber per Knopfdruck zu sich rief) und seinem »Kommando« mit den Sicherheitsleuten. Geradeaus, an einer Säule vorbei ging es zum »Spezialfahrstuhl«. Im Gang dazwischen lag links und rechts sein Briefbüro und das Zimmer von Generalmajor Siegfried O. der sich um Sicherheitsprobleme, vor allem aber um die offiziellen Jagden des Generalsekretärs, zu kümmern hatte. Nach rechts lag nur wenige Meter vom Büro des Generalsekretärs entfernt das »Büro des Politbüros« mit Leiter, stellvertretendem Leiter und zahlreichen Mitarbeitern und Schreibkräften.

Büro und Beratungsräume Honeckers waren repräsentativ ausgestattet. Sein Arbeitszimmer war – nach einem Entwurf des Staatssekretärs für industrielle Formgestaltung, Martin Kelm, des Ehemannes der ersten Sekretärin Honeckers, ganz in weißem Design gehalten, das Büro von Elli Kelm entsprechend. Die zweite Sekretärin hatte einen eigenen Arbeitsraum mit der Küche. Zum Büro Honecker gehörte ein großes und ein kleines Beratungszimmer sowie ein Ruhetrakt. Die anderen Büros waren – das dem Honeckers gleichkommende Büro G. Mittags in der 4. Etage ausgenommen – zum Verwechseln ähnlich und ziemlich bieder und uniform ausgestattet.

Die Politbüroetage in den 80er Jahren
(Lageskizze)

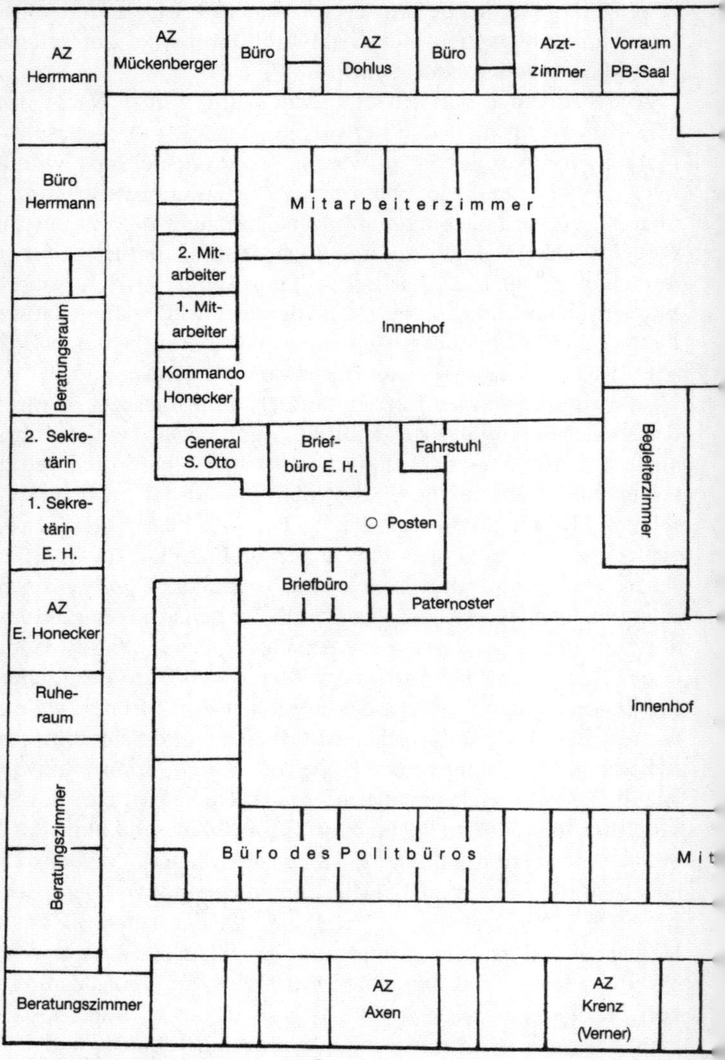

← Blick auf Werderschen Markt

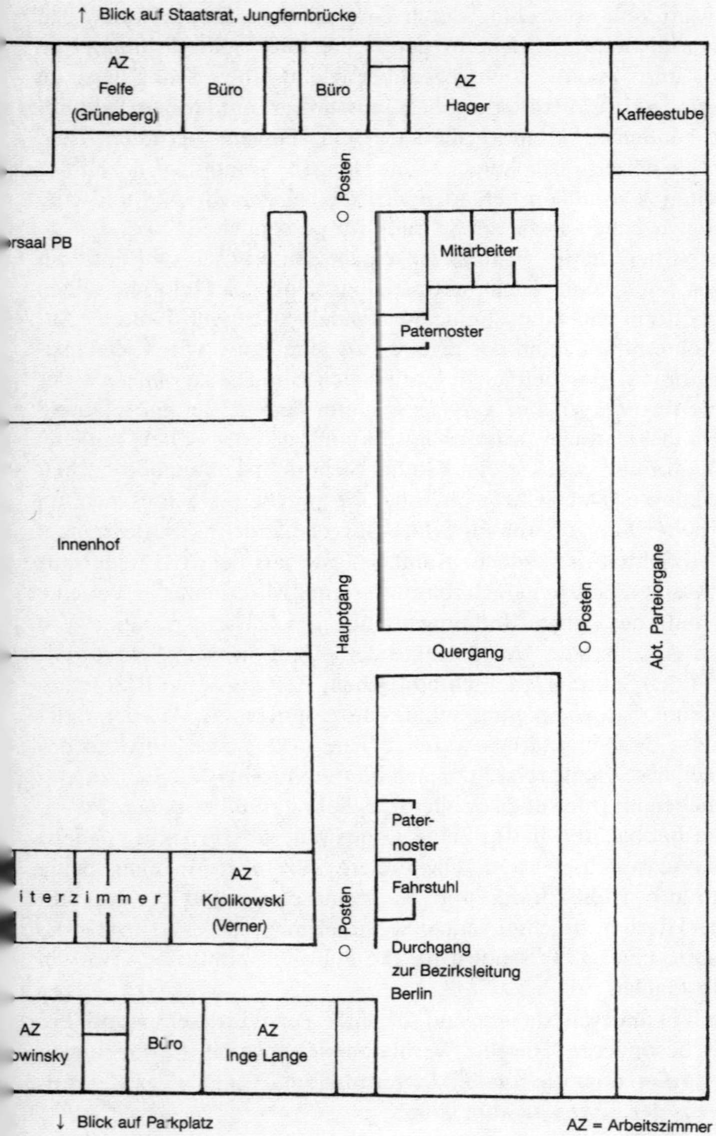
↑ Blick auf Staatsrat, Jungfernbrücke
AZ
Felfe
(Grüneberg)
Büro
Büro
AZ
Hager
Kaffeestube
Posten
rsaal PB
Mitarbeiter
Paternoster
Innenhof
Hauptgang
Quergang
Posten
Abt. Parteiorgane
Pater-
noster
Fahrstuhl
iterzimmer
AZ
Krolikowski
(Verner)
Posten
Durchgang
zur Bezirksleitung
Berlin
AZ
owinsky
Büro
AZ
Inge Lange
↓ Blick auf Parkplatz
AZ = Arbeitszimmer

Die Grundstruktur des Büros eines Politbüro-Mitgliedes sah so aus: Man kam vom Gang durch eine hölzerne Doppeltür in den Sekretariatsraum, in dem in der Regel zwei Sekretärinnen (die »erste« und »zweite«) sich gegenübersitzend arbeiteten. Zur einen Seite ging es in das Büro des Chefs, ausstaffiert mit großem Schreibtisch, bequemen »Import«-Ledersesseln, langem Beratungstisch, einer kleineren Besucherecke und langen Wandregalen. Hinter getäfelten Wandteilen befanden sich die Panzerschränke und eine Waschgelegenheit sowie ein Schrank für persönliche Dinge.

Der »Chef« hatte, wenn er an seinem Schreibtisch saß, links ein riesiges Telefonpult mit Direkttasten zu seinem Sekretariat, seinen Mitarbeitern und einer Reihe »besonders wichtiger Leute«. Auf dem Schreibtisch stand der regelrecht »geheiligte« WTSCH-Apparat, Terminal des bereits beschriebenen Sondertelefonnetzes der Staaten des Warschauer Vertrages. Unter dem Schreibtisch befand sich ein diskret angebrachter Klingelknopf, den der »Chef« im Falle der Bedrohung bedienen und so ein Sicherheitskommando herbeirufen konnte. Der »Chef« blieb bei Gesprächen, wenn es sich um Mitarbeiter oder überhaupt DDR-Bürger handelte, hinter seinem riesigen Schreibtisch sitzen. Kamen Gäste aus der BRD oder aus dem Ausland, setzte er sich inmitten seiner Mitarbeiter an die eine Längsseite des langen Beratungstisches, die Gäste gegenüber. Von seinem Arbeitsraum also gelangte der »Chef« in sein Sekretariat, das mit den Sekretärinnenschreibtischen, Zeitungs- und Büromaterialschränken sowie mehreren Safes ausgestattet war. Auf der anderen Seite des Sekretariats waren 2 Türen. Die eine führte in das Zimmer des »Begleiters«, der den ganzen Tag bei offener Tür das Geschehen im Büro und vor allem das Sekretariat betretende Personen zu beobachten hatte. Seine Langeweile überbrückte er meist mit Kreuzworträsel lösen. Die andere Tür führte in eine kleine Küche mit Kühlschrank und Kaffeemaschine und verchromter Spüle. Hierher brachten auch Serviererinnen der »7. Etage« die Obstsäfte und das Frischobst für die Politbüromitglieder, etwa um 10 Uhr täglich.

Auch in anderen Staaten sind führende Persönlichkeiten und ihre Stäbe besonderen Regeln, Verhaltensweisen und Bewachungen unterworfen, aber die totale Abschottung im Gebäude des Zentralkomitees der SED war wohl einmalig.

Das Büro des Politbüros

Das Büro des Politbüros bereitete im Auftrage des administrativen obersten Parteigremiums Parteitage und ZK-Sitzungen ebenso vor wie Politbüro- und Sekretariatssitzungen. Der Leiter des Büros wurde regelmäßig vor den Politbüro- und Sekretariatssitzungen zum Generalsekretär gerufen, um die Tagesordnung der Sitzungen, Beschlußvorlagen, besondere Vorkommnisse und die Protokolle über die vorangegangenen Sitzungen abzustimmen. Über das Büro des Politbüros liefen alle organisatorischen und protokollarischen Vorbereitungen für Reisen des Generalsekretärs ins Ausland, Besuche in Bezirke der DDR sowie für den Empfang prominenter Besucher. Dem Büro waren u. a. unterstellt: das Personalbüro, das Schreibbüro, die Vervielfältigung, die Druckerei, die eigene Funkstelle, der Kurierdienst, der nächtliche Sonderdienst, die zentrale Poststelle, die Betreuung von »Parteiveteranen« der Nomenklaturebene, Veranstaltungen im Hause des ZK, der Einsatz von Flugzeugen der Sonderstaffel, von Sonderfahrzeugen. Es entschied mit, wer auf dem Flughafen Schönefeld den VIP-Raum benutzen durfte oder wer einen »Totalfreifahrtschein«, den sogenannten A-Schein, bekam. Es koordinierte den Urlaub der PB-Mitglieder, vergab Urlaubsreisen ins In- und Ausland, darunter das westliche Ausland. Es entschied über den Bezug von Zeitungen, Zeitschriften und Büchern der einzelnen Büros. Es bestimmte, wer den Politbürospeisesaal in der 7. Etage benutzen durfte, wer das Recht erhielt, das »alte« Regierungskrankenhaus in der Scharnhorststraße zu benutzen, wer das neue in Berlin-Buch, wer wann welche Kur erhielt. Es holte von Ärzten Auskünfte und Gutachten über den Gesundheitszustand erkrankter Mitarbeiter ein.

Vor allem fertigte das Büro des Politbüros jene Politbüroinformationen aus, die als Geheime Kommandosache, Persönliche Verschlußsache, Vertrauliche Verschlußsache und Vertrauliche Dienstsache entsprechend einem festgelegten Verteilerschlüssel an Chefs und Mitarbeiter gingen. Diese waren auch dem Büro wieder zur Vernichtung in einer hauseigenen Verkollerungsanlage zurückzugeben.

Leiterin des Büros war Gisela G. Bis zu ihrer Ablösung 1988 war sie auch noch ZK-Mitglied und erhielt das Recht, im hierarchischen

Spalier bei Ankünften und Abreisen in Schönefeld an der Gangway Aufstellung zu nehmen. Über die ihrem Büro unterstellten Protokollabteilung wurden die parteiseitigen Teilnehmerlisten für Empfänge usw. abgestimmt und die »Gastgeschenke« für Besucher und reisende Spitzendelegationen zusammengestellt.

Das Büro des Politbüros leitete die Sekretärinnen der Führungsetage an und nahm Kontrollrechte wahr. Nachdem Honecker entgegen der Meinung einiger kritischer Stimmen im Hinblick auf die große Machtzusammenballung in einer Familie die Zustimmung zur Eheschließung der Leiterin des Büros des Politbüros, Trautzsch, mit dem Leiter der Verwaltung der Wirtschaftsbetriebe, Günter G., gegeben hatte, entstand eine unglaubliche und verantwortungslose Konzentration im »Vorhof«, in unmittelbarer Nähe zum höchsten Machtzentrum. Sie erfaßte entscheidende technisch-organisatorische und sensible materiell-technische Bereiche bis hin zum Einsatz von Teilen des Parteivermögens. Die Zustimmung Honeckers hierzu entsprang seiner stalinistischen Denk- und Handlungsweise in Personalfragen: Der Tochter eines KPD-Altkaders und Thälmann-Kuriers konnte man einen Wunsch schwerlich versagen. Die *Herkunft* war für Honecker entscheidend, nicht das fachliche Können, wo es bei der genannten Dame mehr als schwach aussah. Den Einsatz moderner Computer- und Bürokommunikationstechnik, wie etwa Fax, verhinderte sie erfolgreich mit Hinweis auf die Devisenlage und Wachsamkeitsmomente. Sie wäre auch schwerlich mit der neuen Technik zurechtgekommen. Ihr »verdeckter Einfluß« im Bunde mit ihrem Ehemann und anderen, über die im Abschnitt über die »Mafia im ZK-Apparat« noch zu reden sein wird, war um so größer.

Das Briefbüro Honecker

Dieses Büro hatte einen Leiter im Range eines stellvertretenden Abteilungsleiters und 4 Sekretärinnen. Hier wurde eine unglaubliche Flut von eingehender Post entgegengenommen, registriert und bearbeitet.

Meist handelte es sich um »Eingaben«, also Beschwerden von Bürgern, die sich beim »Generalsekretär Honecker« und seinem

Briefbüro mehr Erfolg versprachen als vom Staatsratsvorsitzenden Honecker und seiner riesigen Eingabestelle. Trotzdem wurden viele Briefe an das Büro im Staatsrat weitergeleitet, wenn es rein staatliche Belange betraf. Das Briefbüro und die von ihm monatlich angefertigten zusammenfassenden Berichte an den Generalsekretär waren wie ein Seismograph der Stimmung in der Bevölkerung, was Günter Mittag sehr verquer kam, besonders, wenn auch noch eklatante Einzelbeschwerden Honecker vom Leiter seines Briefbüros, Hubert Ruhmke, vorgelegt wurden und es »Fragen« im PB gab.

Ruhmke war auf allen Ebenen der Parteistruktur unliebsam bekannt, weil er mit dem Namen seines Chefs im Rücken mutig für die Milderung von Einzelschicksalen, die Beseitigung von Mißständen in Wirtschaft und Umweltschutz kämpfte. Er gab sich mit Ausflüchten von Kreisleitungen nie zufrieden und wirbelte sie immer wieder ganz schön durcheinander. Aber letztlich kam es nur zur Problemabschwächung oder -lösung im Einzelfall.

Auch das Briefbüro Honecker hatte also ein Stückchen begrenzter Macht. Es konnte an allen vorbei versuchen, den ersten Mann in der Partei von der Wirklichkeit draußen im Lande zu unterrichten. Das hatte aber nur teilweise Erfolg, weil an der Wirtschafts- und Sozialpolitik Mittags, seiner Ignoranz gegenüber den Versorgungsproblemen der eigenen Bevölkerung Honecker und seine unmittelbare Umgebung nichts ändern wollten.

Das »Kommando Honecker«

Im Gegensatz zu den anderen PB-Mitgliedern, denen der Bereich »Personenschutz« neben dem Fahrer meist nur einen weiteren Begleiter zur Seite stellte (außer bei Fahrten über Land oder ins Ausland, wo »Kommandos« zusammengestellt wurden, hatte Erich Honecker ein ständiges Begleitkommando, das in einem zweiten Citroën und weiteren Fahrzeugen vor und hinter seinem Wagen herfuhr. Es hatte einen eigenen Aufenthaltsraum schräg gegenüber vom Eingang zum Büro Honecker. Einer der Begleiter war stets in seiner Nähe, auf dem Weg zur Toilette wie zum Speisesaal.

Das Kommando wurde bei Auslandsreisen oder bei Besuchen in DDR-Bezirken stark aufgestockt. Bei Auslandsreisen gab es stets auf Führungsebene Wochen vorher Abstimmungen mit den Sicherheitsorganen der Gastgeberländer.

Beim Kommando wurde auf rechtzeitige Verjüngung und solide Beherrschung von Bewachungs- und Verteidigungstechniken sehr geachtet. Andere der älteren PB-Mitglieder wollten sich nur selten von ihren gewohnten Begleitern trennen. Die Angehörigen des Kommandos begleiteten ihren Chef auf die Jagd, organisierten seinen Personenschutz auch am Wochenende rund um die Uhr. Sie probierten neue Fahrzeuge aus und schafften immer neue Hutberge für den Generalsekretär heran, der diesbezüglich wohl einen gewissen »Tick« hatte. Gegenüber ihren Kollegen in den anderen Büros waren sie teilweise vom Rang, Einkommen und von der Versorgung mit Urlaubsplätzen her privilegiert.

Sie hatten aber auch die Augen und Ohren auf der Politbüroetage offenzuhalten und im Zusammenwirken mit anderen Diensteinheiten auf »Sicherheitsprobleme« aufmerksam zu machen.

Die Macht des Freundeskreises.
Sonderbereiche

In wohl jedem Machtapparat der Erde gibt es Interessengruppen, Lobbys, Freundeskreise. In den Apparaten der »realsozialistischen Länder« mußten aufgrund des breiten Mangels an modernen, lebenswichtigen Waren, der chronischen Valutaknappheit der DDR, der Misere im PKW-Sektor und der »abgeschiedenen« Lebensweise der obersten Machtstrukturen mit ihren Sonderrechten nahezu zwangsläufig jene Bereiche und Spitzenfunktionäre einen besonderen Stellenwert und große Einflußmöglichkeiten erhalten, die Zugang und Entscheidungsgewalt über Bau- und Finanzierungsmaßnahmen hatten, also die materiell-technischen Bereiche. Das waren vor allem die Verwaltung der Wirtschaftsbetriebe und die Finanzverwaltung der Parteibetriebe mit ihren nachgeordneten Einrichtungen und Querverbindungen direkt »nach oben«, etwa zu G. Mittag, und zu gleichartigen Gebilden im Staatsapparat und MfS. In diesen Bereichen arbeiteten Funktionäre, die sich schon sehr lange kannten und einander vertrauten. Sie hatten erlebt und zum Teil mitorganisiert, wie für die Partei- und Staatsführung luxuriöse Freizeitdomizile und Gästehäuser aus Mitteln des Staatshaushaltes und des Parteivermögens errichtet wurden, teilweise zusammen mit anderen Machtbereichen bereits in den 50er Jahren. Das färbte zum Teil ab, auch weil nicht selten die Ehefrau eines Funktionärs mit einem 14- bis 16stündigen Arbeitstag nicht verstehen konnte, daß dann in den 60er und 70er Jahren auch der Fleischer und Bäcker von nebenan Luxusbungalows bauen ließ, während man selbst abends in sein Neubaudomizil zurückkehrte und kaum Erholungsmöglichkeiten vorfand.

So wurden dann in den 70er und 80er Jahren auch parteieigene Wohn- und Datschensiedlungen für die »zweite Reihe« gebaut. Hier entschied schon der Kern des »Freundeskreises«, wer bedacht wurde. Das mußte nicht immer ein Spitzenfunktionär sein. Auch Mitarbeiter der Kaderabteilung, Ärzte usw. waren von Bedeutung. In dieser Zeit begann auch die »kulante« Übereignung mehr oder weniger gebrauchter PKW aus eigener und westlicher Produktion, die Vergabe der besten Auslandsreiseplätze nach Maßstäben des engeren Freundeskreises, auch von Schiffsreisen. Regelmäßig feierte man alle 2 Jahre im immer »nach Liste« erweiterten Freundeskreis Silvester im ZK-Gästehaus »Haus an der Spree«. Da wurde dann dem Politbüro und den Abteilungsleitern vom Leiter der Verwaltung der Wirtschaftsbetriebe, Günter G., regelmäßig mitgeteilt, daß das Gästehaus wegen »Schabenbekämpfung« zehn Tage geschlossen sei. Um ganz unter sich zu sein, belog man also das Politbüro und den gesamten übrigen Parteiapparat ganz unverhohlen. Meine Frau, damals in diesem Gästehaus im gastronomischen Bereich tätig, erhielt dann regelmäßig frei. Man wußte, wie wir beide und viele *unserer* Freunde über diese Dinge dachten.

Wer dem »Freundeskreis« angehörte, war »in«, wer nicht war eben »out«. Da ging es nicht nur darum, an Dinge heranzukommen, die normalerweise unzugänglich waren, nein, da ging es auch um die Abwehr von Kritik an Sonderrechten, auf die man allergisch reagierte. Man tauschte sich abends in den Datschensiedlungen über vieles aus, über die Lage in der Führung, aber auch über unliebsame oder »förderungswürdige« Mitarbeiter.

So erhielt ich eine der ersten groben Warnungen, daß es mit mir wegen »Kritik an leitenden Funktionären der Partei bald ein schlimmes Ende nehmen« werde, völlig überraschend vom neuen Leiter der Abteilung Finanzverwaltung und Parteibetriebe, der bis dahin mit Kritik an seinem Vorgänger und Praktiken des »Freundeskreises« auch in Gesprächen mit mir nicht gespart hatte.

Heinz W. tauchte übrigens einmal im Monat bei den Sekretären des ZK nach Voranmeldung mit einer Geldtasche auf. Mitarbeiter und Sekretärinnen mußten dann den Raum verlassen.

Ich hatte schon auf die besondere Machtkonzentration der Familie G. hingewiesen: Leiterin des Büros des Politbüros und Leiter der Verwaltung der Wirtschaftsbetriebe. So wagte keiner zu kritisieren, daß Gisela G. wegen ihrer schlechten Augen einen besonders ausgestatteten PKW vom Typ BMW erhielt; über die Arbeiten in dieser oder jener Wohnung ohne Rechnungsausfertigung schütteten sich einzelne Handwerker des Bereichs, nicht nur parteilose, schon damals vertrauensvoll aus und waren empört. Einige führten Tagebuch darüber – einer von ihnen sogar in mehrfacher Ausfertigung, nur aus »Vorsicht«, wie er mir schon 1979 erstmals anvertraute.

Ich will da nicht in Einzelheiten gehen und »schmutzige Wäsche« waschen, auch nicht in schwebende oder anstehende Verfahren in irgendeiner Weise eingreifen. Angesichts verschiedenster Formen von Drohungen aus bestimmter Richtung bereits Monate vor Erscheinen dieses Buches habe ich mich aber selbst sorgfältig abgesichert. (Wie man das macht, konnte man ja leider bei Schalck und anderen in und nach der Wendezeit lernen.)

Daß Günter G. und Frau ein großes Wochenendgrundstück am Scharmützelsee, in Dienstdorf, hatten und breite Betonstege für ihr Luxusboot in den flachen See hineinbauen ließen, ist noch heute Thema der dort verbliebenen oder wieder zurückgekehrten Anwohner. Über das große Haus in Klingenthal wurde auch viel gesprochen. Die damalige Bürgermeisterin von Klingenthal, die sich um das Haus kümmerte, durfte bei Aufenthalten in Berlin sogar eine Politbürosuite im Parteigästehaus benutzen.

Nachdem ich Günter G. einmal, es war das Jahr des besonders harten Winters, auf dem Parkplatz des ZK im Beisein des ZK-Hauskommandanten offen angriff, weil er mich in übler Weise beleidigt hatte, waren schon Tage später im Bekanntenkreis Stasi-Rechercheure unterwegs. Sie wollten wissen, was ich über den Vorfall mit G. berichtet habe. Tagelang fuhren MfS-Observateure hinter mir her, auch abends. Hielt ich an, hielten sie auch an. Das geschah zu einem Zeitpunkt, wo das MfS ZK-Funktionäre ohne besonderen Auftrag eigentlich noch in Ruhe zu lassen hatte. Man kann davon ausgehen, daß hier über verwandtschaftliche Beziehungen der inoffizielle Weg des »Hinweises« benutzt wurde, wie so oft. Denn personell hatten nicht wenige ZK-Funktionäre ihre Kinder oder Ehepartner beim MfS. So konnte in vielfältiger Form indirekte Macht ausgeübt werden. Davon war kaum jemand verschont. Ich informierte daher meinen Chef, der mit Honecker sprach. Dieser soll gemeint haben, da »sei etwas gewesen«. Aber einige Genossen »müßten begreifen, daß jüngere Leute mit Denkvermögen gebraucht werden. Dazu müsse man ihnen einen größeren Spielraum einräumen«.

Als ich als Gewerkschaftsfunktionär der zweiten Etage einmal einer Sekretärin das Arbeitsgesetzbuch der DDR auslieh, wandte sich Günter G. sofort an die Zentrale Parteileitung des ZK mit der Behauptung, daß Uschner dem Ehemann der Sekretärin aus dem ZK weghelfen wolle. So einer habe im ZK-Apparat nichts länger zu suchen. Daß das Arbeitsgesetzbuch hier nicht galt, konnte ich mehrfach erfahren.

Günter G. ließ sich sogar immer wieder zum Vorsitzenden der Revisionskommission der Parteiorganisation im Hause des ZK wählen. Als das 1988 wieder einmal geschah und sich die kritischen Stimmen hierzu schon gemehrt hatten, soll selbst Horst Dohlus einem Mitarbeiter zugeflüstert haben: »Wenn jetzt das Licht ausgeht, dann streichen sie alle ihre Zettel durch.« Das war aber auch hier nicht möglich. Zuletzt konnte die Distanz zwischen Stimmzettelausgabe und Wahlurne in Zentimetern gemessen werden. Viele Augenpaare beobachteten jede Bewegung der Delegierten ...

Angesichts dieser Dinge wurde der Kern des Freundeskreises, um den sich immer mehr Leute von scheinbarer Wichtigkeit und mit bestimmtem Habitus scharten, in den 80er Jahren auch immer mehr Kaderchef und Parteisekretär Fritz Müller, von einigen Insidern hinter vorgehaltener Hand als »Mafia« bezeichnet.

Nun, »Mafia« ist ein Begriff für Unterwelt, für festorganisiertes Bandenwesen, deren oberste Drahtzieher man nicht kennt und die zu allen Verbrechen bereit sind. Das trifft auf den Freundeskreis wahrlich nicht zu. Nimmt man die Fülle der materiellen Macht- und verdeckten Einflußmöglichkeiten, gibt es wohl schon einige Berührungspunkte.

Für die übergroße Mehrheit der Mitarbeiter im zentralen Parteiapparat der SED war er untypisch, viele haben gar nichts von seinem Wirken mitbekommen. Aber was die zweite Etage anbelangte, so war das Wirken dieses »Freundeskreises« von der Gehaltseinstufung bis zur sonstigen Bewertung und den entsprechenden Folgen schon zu spüren. H. Axen sagte mir mehrfach, daß er nie »auf die Liste« von Günter G. und anderen geraten wolle, und bestand auf rasche Rechnungsbegleichung, als er einmal in Bad Saarow Urlaub gemacht hatte.

Solche Lobby-Gebilde gab es in den zentralen Machtapparaten aller »Bruderparteien«, und die entsprechenden SED-Funktionäre hielten zu denen in Kuba und in der Mongolei ganz besonders enge Beziehungen. Das Aufkommen solcher Gebilde war systembedingt: Demokratischer Zentralismus, mangelnde Transparenz der Entscheidungen, die betonte »Vertraulichkeit« mancher Bereiche, wie der Parteibetriebe, darunter der Baubetrieb »Fundament«, der Druckereien der Partei und des GENEX-Geschenkdienstes sowie der DEWAG, ihre relativ strenge »Abschirmung« ließen so etwas zu.

Die zuletzt genannten Bereiche waren Dienstleistungseinrichtungen des zentralen Parteiapparates.

Insider sprechen von einem »alten« und »neuen« Freundeskreis. Das Entstehen des ersteren hing mit der unmittelbaren Nachkriegszeit zusammen. Karl Raab, als bewährter Kominternkader aus Moskau zurückkommend, Luipold Steidle und andere erhielten von der Partei den Auftrag, zu deren vermögensrechtlicher Absicherung und zwecks Erbringen »internationalistischer Solidaritätsleistungen« auch mit unkonventionellen Mitteln beizutragen. So wurden Gebäude erworben und errichtet, Druckereien, Parteiheime, Parteibetriebe im In- und Ausland. Für finanzielle Transaktionen wurden öffentliche und nichtöffentliche Wege genutzt, letztere, um die nötige Vertraulichkeit und das öffentliche Image nicht zu beschädigen.

Karl Raab und Luipold Steidle erfüllten ihre Aufgabe mit Leidenschaft, großem Geschick und größter Diskretion. Sie sicherten der SED eine rasch zunehmende Bewegungsfreiheit auch im Valutabereich, was eine immer größere finanzielle Unterstützung von »Bruderparteien«, vor allem in Westeuropa, und eine Finanzierung der internationalen Tätigkeit der Partei sowie die Beschaffung von im Inland nicht zu erhaltenden technischen Ausstattungen und Waren ermöglichte. Es entstand der Parteibetrieb »Fundament«, das Druckereiimperium ZENTRAG, das neben nationalen und internationalen Spitzenerzeugnissen auch schon mal Karl May oder Pornohefte auflegte, um die Valutaeinnahmen der Partei zu vergrößern.

Die Abteilung Finanzverwaltung und Parteibetriebe hatte über »Fundament« den gesamten Immobilienbesitz der SED zentralisiert, auch den der Bezirks- und Kreisleitungen. Heinz W. war Gesellschafter bei »Fundament«.

Die Bezirks- und Kreisleitungen waren finanziell bei allen Baumaßnahmen, ob es um ein neues Verwaltungsgebäude, ein Gästehaus oder Urlauberheim ging, von der Zentrale, das heißt der Finanzverwaltung und Parteibetriebe abhängig, deren Leiter sich natürlich durch entsprechende PB- und Sekretariatsbeschlüsse absicherte. Zusammen mit dem personalpolitischen Einfluß von Kaderchef Fritz Müller ermöglichte das, auch auf das Geschehen auf Bezirks- und Kreisebene einzugreifen.

Als Gisela G. aus gesundheitlichen Gründen ausscheiden mußte, war es der »Freundeskreis«, der den unbescholtenen und bis dahin unbekannten Edwin Sch., Sektorenleiter in der Finanzabteilung, »ausguckte«, weil man ihn für »formbar« hielt.

Direkt unterstellt der Finanzverwaltung und Parteibetriebe war auch der GENEX-Geschenkdienst, der gedrängt wurde, immer neue Möglichkeiten der Devisenbeschaffung zu ergründen. Von 1968–1988 führte er 2,6 Mrd. DM an die Zentrale ab, womit sich seine Rolle erschöpfte. GENEX hatte über KOKO-Chef Schalck jährlich von den Einnahmen ca. 42 Mill. DM in die Kassen des DDR-Finanzministeriums zur Stärkung des Staatshaushalts/Valutareserve einfließen zu lassen. Laut Beschluß des PB waren 80 Prozent der Einnahmen in die staatliche Valutareserve einzubringen, der Rest ging an die SED. Die Gewinne in Mark der DDR gingen ausschließlich an die Parteikasse.

Natürlich war auch die GENEX ein lukratives Unternehmen, und auch sicherlich deswegen verschiedentlicher Kontrollen und der

Observation der Sicherheitsorgane unterzogen. In diesem Bereich arbeiteten viele Fachkönner, die ihren Auftrag sehr ernstgenommen haben und stets ehrlich blieben. Sie mußten die Gewinne abführen; damit hatte es sich auch schon. Diese Gewinne waren oft unter großen Mühen fleißiger Mitarbeiter entstanden. Sie orientierten sich an der ihnen gestellten Aufgabe: Stärkung des proletarischen Internationalismus.

Viel Geld wurde für »internationalistische Hilfe« für Bruderparteien ausgegeben. Wie ich selbst beobachten konnte, fuhren dann Mitarbeiter z. B. der Abteilung Verkehr auch mal mit Geldkoffern um die halbe Welt. Geldkoffer erhielten auch Blockparteien, wie inzwischen offiziell bekannt ist. Vieles lief dabei recht konspirativ ab.

Luipold Steidle soll das meiste seines vertraulichen Wissens über die Auslandsverbindungen nur in seinem Kopf gespeichert und mit ins Grab genommen haben.

Der Nachfolger Karl Raabs, Heinz W., wandte sich lange Zeit energisch gegen Versuche einzelner Funktionäre, Mittel zweckentfremdet einzusetzen. Später wurde auch er vom »neuen Freundeskreis« umworben, was sich schon aus den enormen Möglichkeiten der Abteilung Finanzverwaltung und Parteibetriebe ergab.

Einen »Spiegel«-Bericht vom 13. Mai 1991 über ein eigenes Westluxusauto und eine reich ausgestattete Luxusdatsche hat er nach meinem Wissen bislang nicht mit Gegendarstellungen beantwortet. Jedoch hob die PDS im Dezember 1992 den Beschluß über den Parteiausschluß W.s vom Februar 1990 wegen »Mißbrauchs von Privilegien und Bereicherung an Parteigeldern« wieder auf, was einer Rehabilitierung gleichkommt.

Der »Freundeskreis« war nicht allmächtig. Er stieß auf Machtgrenzen und zunehmende Kritik, auch von Abteilungsleitern des ZK, die z. B. an ihre fehlenden materiellen Möglichkeiten in Industrie und Landwirtschaft in der Ersatzteilfrage denken mußten. Auch von den PB-Mitgliedern äußerten sich einige immer wieder kritisch, wie z. B. Hermann Axen. Doch geändert wurde vor der Wende nichts und danach nur sehr zögerlich ...

Auch wenn es den »Freundeskreis« und seine vielfältigen Möglichkeiten gab, er hat den Parteiapparat als Ganzes nicht zu dominieren vermocht. Ich bin nur auf ihn eingegangen, weil er auch nicht gerade völlig nebensächlich für den Machtapparat der SED war und zum Weggehen vieler Mitglieder aus der Partei in und nach der Wendezeit beigetragen hat. Die PDS hat sich von den Hauptverantwortlichen im Winter 1990 getrennt. Immerhin wurden 37 von ihnen im Februar 1990 aus der sich erneuernden Partei ausgeschlossen.

Gorbatschow an der Spitze der Sowjetunion – was nun?

Wie M. S. Gorbatschow heute selbst einschätzt, hatte es keiner der Verbündeten der damaligen Sowjetunion vor 1985 in der Hand, aus dem »sozialistischen Lager« auszubrechen. Sein Amtsantritt war eine Zäsur in der Entwicklung der sowjetischen Parteiführung seit 1917. Mit ihm standen die Dinge anders. Mit anderen Worten: Mit Gorbatschow an der Spitze der Sowjetunion erhielten die Führungen der »Bruderparteien«, deren Apparate, aber auch die kritischen Geister in ihnen, die Chance, durch eine Unterstützung des Gorbatschowschen Reformkurses grundlegende Dinge im eigenen Land mit Aussicht auf Erfolg zu ändern, weil ja nun auch die beherrschende Partei und ihr erster Mann *mit* solchen Bestrebungen sein würde. Man würde eine Wiederkehr der Breshnew-Doktrin nicht mehr erleben. Eine Wiederholung von 1953, 1956 oder 1968 brauchte man nun erstmals nicht zu befürchten. Daß ein Reformkurs der SED, ein Aufbrechen der ideologischen Verkrustungen und antidemokratischen Mechanismen in der DDR auch den Aspekt der deutschen Frage berühren mußte, war ebenso logisch. Was aber geschah?

Zunächst schien wie durch die gesamte Bevölkerung der DDR und den überwiegenden Teil der Mitglieder der SED auch ein Aufatmen durch den Zentralen Parteiapparat der SED und sogar durch seine Führungsetage zu gehen. Man begann, offener und kritischer über Dinge zu reden, die bisher bestrafbares Tabu waren: Privilegienwirtschaft, ehrliche Öffentlichkeitsarbeit, Demokratisierung des Systems, konsequente Um- und Durchsetzung der Schlußakte von Helsinki. »Von der Sowjetunion lernen heißt siegen lernen!« und »Mit der Sowjetunion sind wir unbesiegbar!« – diese »Grundwahrheiten« waren ja den Parteimitgliedern und den Funktionären über Jahrzehnte hinweg immer wieder eingetrichtert worden.

Niemand konnte sich vorstellen und hielt es für möglich, daß sich eine SED-Führung plötzlich dem dominanten sowjetischen Einfluß entzieht und sich grundsätzlich gegen Moskau stellt. Alle dachten: Nun kommen Glasnost und Perestroika »selbstverständlich« auch zu uns! Es konnte alles nur noch eine Frage der Zeit sein!

Nachdenklichere Mitarbeiter in den Parteiapparaten fragten sich allerdings sehr bald, ob Honecker, Mittag, Mielke, Herrmann und ihr ganzer Anhang von stalinistischen Altkadern einen Kurs auf einen Sozialismus mit menschlichem Antlitz nun gezwungenermaßen mitmachen würden, nachdem sie ihn 1968 in Prag niederschlagen halfen. Andererseits hatten die Sowjets ja auch beim Wechsel von Ulbricht zu Honecker Pate gestanden ... Warum sollte das nicht wieder so sein? »Extratouren der DDR« hatte man doch im Kreml nie lange geduldet!

Zunächst stand die Frage im Raum: Wer ist denn dieser Gorbatschow wirklich? Redet er nur von grundlegenden Veränderungen oder will und *kann* er sie überhaupt durchsetzen? Wie werden sich Armee und KGB letztlich verhalten?

Über Gorbatschow selbst hatten vorher nur wenige »Insider« gehört, auch Honecker & Co. versuchten, sich mit ihrer Hilfe rasch ein Bild zu machen. Gorbatschow war 1979 zum Sekretär für Landwirtschaft des Zentralkomitees der Kommunistischen Partei der Sowjetunion gewählt worden. Zwei oder drei Jahre später hielt er in dieser Eigenschaft in Sofia eine Rede, die in allen Hauptstädten des Warschauer Vertrages mit größtem Erstaunen, aber auch Anzeichen erster Verunsicherung zur Kenntnis genommen wurde. In dieser Rede nämlich nahmen erstmals Überlegungen in Richtung Glasnost und Perestroika Konturen an. Das war ein völlig neuer Kurs, gerichtet auf den Abbau des weltweiten Ost-West-Konfliktes, die Öffnung des Landes, die Beschleunigung seiner ökonomischen und sozialen Entwicklung im Interesse des Volkswohls und auf der Grundlage technischen Spitzenniveaus. Erstmals wurde offen über wirtschaftliche Schwierigkeiten und das Erfordernis, sie im Interesse der Menschen auf neue Weise zu überwinden, gesprochen.

Wir hörten auf den Gängen der »zweiten Etage«, daß sich Honecker über diese Rede im Politbüro sogar begeistert geäußert haben sollte. Er meinte wohl, das könne den sowjetischen »Anschluß« an die Honecker/Mittagsche Politik der »Hauptaufgabe in ihrer Einheit von Wirtschafts- und Sozialpolitik« bedeuten. In der Tat, Honecker glaubte, der neue »junge« Mann würde sich seiner »mutigen Friedens-« und »modernen Wirtschaftspolitik«, gerichtet auf die »massenweise Anwendung« der Mikroelektronik in den »Schlüsselindustrien« anschließen und dabei von ihm und der SED auf längere Zeit lernen müssen!

Schon als der geistige Ziehvater Gorbatschows, Juri Andropow, verstarb, soll Honecker den starken Wunsch geäußert haben, daß »Gromyko und Ustinow ihr kommunistisches Herz in die Hände nehmen und über ihren Schatten springen sollten«. Seiner Meinung nach sollten sie lieber sofort Gorbatschow anstelle des »Bleistiftanspitzers« von Breshnew, Tschernenko, zum Generalsekretär wählen. Bekanntlich versperrten die alten Herren im sowjetischen Politbüro Gorbatschow noch einmal den Weg.

Als dann Tschernenko vor den Fernsehkameras aus aller Welt in die Grube geplumpst war, wie vordem Breshnew, und Gorbatschow endlich die Amtsgeschäfte im Kreml übernahm, begrüßte die SED-Spitze zwar die kühne Abrüstungsvision des neuen Generalsekretärs, von der man sich eine Minderung der Rüstungslasten und einen Abbau der militärischen Konfrontationsgefahr in Mitteleuropa versprach. Gegenüber dem innenpolitischen Kurs Gorbatschows hielt man sich deutlich zurück; bald jedoch ging man vorsichtig auf Distanz. Von Mitarbeitern Honeckers, Herrmanns, Dohlus' und Mittags konnten wir auf der Führungsetage zunächst vernehmen, daß Gorbatschow ja nur das nachvollziehe, was die SED ja bereits auf dem VIII. Parteitag 1971 begonnen habe mit ihrem Kurs auf »das Volkswohl«, eine schnellere Hebung des Lebensstandards, die Nutzung der Mikroelektronik usw. Die Sowjetunion habe da immer mächtigen Nachholbedarf gehabt; nur »aus Freundschaft« habe man das öffentlich nicht so kritisch angesprochen.

Die Mitarbeiter der »ersten« Funktionärsgruppe verhielten sich erst einmal abwartend und auffallend schweigsam. Die »Pragmatiker« stimmten der reformfreudig und geradezu euphorisch eingestellten »zweiten Funktionärsgruppe« im allgemeinen zu, verwiesen aber auf die »besonderen« Bedingungen der DDR und die Tatsache, daß ohne Führungswechsel in Ostberlin wohl Glasnost und Perestroika in der DDR nicht durchzusetzen sein würden. Auf dem XI. Parteitag 1986 würde man sehen, ob es dazu komme.

Der XI. Parteitag der SED und Gorbatschow

In Vorbereitung des Parteitages hatte ich die Möglichkeit, abseits der Alltagsarbeit für zwei Wochen in einem kleinen Ferienheim an der Berliner Dahme mit einigen namhaften und aus meiner Sicht vertrauenswürdigen Wissenschaftlern den Entwurf des internationalen Teiles für den von Honecker zu haltenden Bericht an den Parteitag auszuarbeiten. Wir nutzten die Chance, die wirklichen Vorgänge in der Weltpolitik und Weltwirtschaft, das tatsächliche internationale Kräfteverhältnis zu einer exakten Analyse zu Papier zu bringen und den Kurs Gorbatschows als die vielleicht letzte Chance zu loben, um einen Ausweg aus angestauten Schwierigkeiten zu finden.

Wir hatten vordem in einer uns nur für wenige Stunden zugänglichen Protokollniederschrift über ein geheimes Treffen von Gorbatschow mit Honecker gelesen, daß der neue sowjetische Generalsekretär dort etwa sinngemäß erklärt hatte: Als ich die Panzerschränke Tschernenkos übernahm, mußte ich feststellen, daß alles viel schlimmer war, als ich dachte. Wir stehen am Abgrund, und wenn wir nicht mit einer riesigen Kraftanstrengung und in beschleunigtem Tempo die Dinge zum Besseren wenden, wird uns das »Volk zwingen, das Kommando abzugeben«. (Auf einem späteren Treffen der Spitzen des Warschauer Vertrages trat Gorbatschow genauso deutlich auf, von Kádár unterstützt. Honecker, Husák und Ceauçescu aber lobten *ihren* angeblich richtigen und erfolgreichen Kurs!) Wir ließen in unserer Analyse und im Redeentwurf jede Beschönigung und das übliche »Parteichinesisch« weg. Axen veränderte nur wenig an den Papieren und reichte sie frühzeitig an Honecker weiter. Wochenlang hörten wir nichts. Dann wurde uns nach einer Sitzung des Politbüros mitgeteilt, Honecker habe sich auf Anraten Mittags entschlossen, den internationalen Teil des Rechenschaftsberichtes drastisch zu kürzen, damit die Mittagschen 10 Punkte des ökonomischen Kurses, also der Politik der Hauptaufgabe ausreichend genug dargestellt werden könnten. Uns schwante wieder einmal nichts Gutes.

Als wir dann als »Gäste« oder Beobachter des XI. Parteitages hörten, was Honecker und seine Leute aus unserer Arbeit gemacht hatten, bekamen wir Schüttelfrost, denn das von Honecker mit seiner sich überschlagenden Fistelstimme Vorgetragene hatte mit den von uns ausgearbeiteten Einschätzungen und Standpunkten absolut nichts gemein, es war das Gegenteil davon: altdogmatisch, nur von persönlichem Wunschdenken und den Einflüsterungen Mittags diktiert.

»Niemals wieder«, so erklärte mir Professor Max Schmidt vom damaligen »Institut für Politik und Wirtschaft«, werde ich für »solchen Mist meinen Namen und meine Arbeitszeit hergeben!« Die anderen Mitarbeiter der »internen Arbeitsgruppe« reagierten ähnlich. Axen, der unsere Papiere weitergereicht hatte, machte einen geknickten Eindruck und versuchte, die inhaltlichen Gegensätze mit dem »Zeitdruck« auf dem Parteitag zu rechtfertigen.

Aber Honecker sprach ja im Namen des Politbüros und des Zentralkomitees der Partei und behauptete allen Ernstes, die Republik habe seit dem X. Parteitag »ihre Entwicklung als politisch stabiler und ökonomisch leistungsfähiger sozialistischer Staat erfolgreich fortgesetzt«. Der Plan sei »gut abgeschlossen« worden, alle Seiten des gesellschaftlichen Lebens »wurden weiter vervollkommnet«. Honecker verwies auf ein beträchtliches Wachstum des Nationaleinkommens und des Produktionsvolumens. Er lobte sich selbst, Ende der 70er/Anfang der 80er nicht jenen Gehör geschenkt zu haben, die für ein Abbremsen des Wirtschaftstempos und eine Änderung des Wirtschaftskurses waren. Über die Handels- und Zahlungsbilanz schwieg sich Honecker, wie immer, aus, und keiner der ZK-Mitglieder oder Parteitagsdelegierten nahm daran Anstoß.

Der Beifall für Honeckers Rechenschaftsbericht fiel schwächer aus als sonst. Auf der Gästeempore des Großen Saales des Palastes der Republik, wo auch die meisten persönlichen Mitarbeiter und »verdienstvolle, heimgeholte Kundschafter« saßen, rührte sich kaum eine Hand. Hier wurden die sonst üblichen, vorher abgesprochenen Jubelrufe verweigert. Die Funktionäre der »ersten« Funktionärsgruppe schauten betreten und nachdenklich drein. Viele Delegierte erkannten sofort, daß ihre Hoffnung, der Kurs Gorbatschows würde nun auf Strategie und Politik der SED durchschlagen, gründlich enttäuscht wurde. Damit mußten zwangsläufig Konfrontationen entstehen. Aber wie lange würde die vorherige Phase des Abwartens, des Übergangs gehen? Wer würde sie einleiten? Mußte der Impuls nicht aus Moskau kommen? Aber Gorbatschow hatte ja nichts getan, um eine Wiederwahl Honeckers und der alten Herren zu verhindern! Nur wenige jüngere Parteifunktionäre aus den Bezirken sollten hinzukommen.

Honecker hatte geschickt seine Zustimmung zu den Abrüstungsvorschlägen Gorbatschows herausgestellt, die Beschlüsse des vorangegangenen XXVIII. Parteitages der KPdSU insgesamt wurden aber nur als bedeutsam für das Sowjetvolk und die internationalen Positionen der UdSSR hingestellt. Direkte Kritik an der innenpolitischen Linie Gorbatschows zu äußern, wagte auf dem XI. Parteitag der SED natürlich niemand.

Die sowjetischen Gäste und Gorbatschow persönlich waren, wie ich erfahren konnte, schwer enttäuscht. Sie hatten gehofft, gerade von der DDR mit ihren vielen ökonomischen Experimenten in früheren Jahren, mit ihrem relativ fortgeschrittenen Produktionsniveau und ihrem hohen Anteil am sowjetischen Außenhandelsumsatz (20 Prozent insgesamt; im Maschinenbau 1. Platz!) sowie ihren engen Wirtschafts- und Kooperationsbeziehungen zur BRD vielfältige Unterstützung für ihren Reformkurs zu erfahren. Nun war offenkundig das Gegenteil der Fall, womit die SED sich erstmals in Grundfragen *gegen* eine sowjetische Führung stellte, was letztlich an der Basis ihrer Existenz rütteln mußte.

Honecker, der zum Erfolg verurteilte Mittag, die Mehrheit im Politbüro konnten und wollten das aus Arroganz, Borniertheit, tiefer Reformfeindlichkeit und maßloser Selbstüberschätzung nicht sehen. Einige von ihnen hatten wohl auch noch nicht die Hoffnung aufgegeben, daß sich Gorbatschow bald totlaufen und durch Leute vom Schlage eines Ligatschow ersetzt werden würden. Bei Mittag, so meint Janson (Autor des Buches »Der Totengräber der DDR«), können auch noch ganz andere Momente eine Rolle gespielt haben …

Alles fieberte der Begrüßungsansprache M. S. Gorbatschows entgegen. Trotz des Drängens von Honecker und seinem Parteitagsstab, die Rede vorab zu bekommen, weil sie angeblich die Dolmetscher und Übersetzer brauchten, ließ die sowjetische Delegation die ganze Nacht hindurch alle Sendboten abblitzen. Erst kurz bevor Gorbatschow zum Rednerpult schritt, gab sie die Rede frei, setzte aber »zur Vorsicht« ihre eigenen Dolmetscher ein.

Tosender Beifall empfing Gorbatschow. Dann wurde es bis zum

Schluß mäuschenstill. Die Rede war ein Meisterstück. Ohne das Prinzip der Nichteinmischung in die inneren Angelegenheiten einer Partei zu verletzen, verabreichte Gorbatschow der SED-Spitze, die mit starrem Gesicht und wiederum selbst von allen aufmerksam angestarrt, zuhörte, Ohrfeige auf Ohrfeige. Er sprach mit Bezug auf den vorangegangenen eigenen Parteitag über die Notwendigkeit, Schwächen, Engpässe und Stagnationserscheinungen zu beseitigen, aber fast jeder im Saal verstand, an welche Adresse das ging. Die kritische Einstellung zur eigenen Arbeit sei unerläßliche Bedingung für eine revolutionäre Partei. Ein konstruktives Programm müsse die realistische Einschätzung des Erreichten zum Ausgangspunkt haben. Daß viele Werktätige bei der Lösung der gesellschaftlichen Angelegenheiten abseits stünden, habe seine Ursachen in »Erscheinungen von Formalismus, Renommiersucht, Bürokratismus und Selbstzufriedenheit«. Enge Verbundenheit mit den Massen, breite Publizität, die Einheit von Wort und Tat seien die Forderungen an die Parteiarbeit. Die wirtschaftliche Unverwundbarkeit gegenüber dem kapitalistischen Markt müsse gewährleistet bleiben. In den Beziehungen zwischen den RGW-Staaten brauche man kühnes Experimentieren. Viele Leiter würden die Bedeutung dieser Beziehungen nicht einmal erkennen.

Nach der Rede blieb es minutenlang ruhig. Die für die Reden von Honecker und anderen schon im Parteitagsszenarium festgelegten Claqueure blickten verunsichert um sich. Dann brach der Beifall, beginnend auf unserer Gästetribüne, minutenlang los. Honecker und seine Mannen machten gute Miene zum bösen Spiel. Im Gefühl vieler Parteitagsdelegierter und Gäste standen sie in diesem Moment nackt da. Es war nur nicht der »kleine Junge« im Märchen »Des Kaisers neue Kleider«, der dieses mit seinem »Er ist ja nackt!« verursacht hatte, sondern der Generalsekretär der Kommunistischen Partei der Sowjetunion und erster Mann einer damals noch funktionierenden Weltmacht, die Hauptverbündeter und Hauptstütze der DDR war. In einem internen Gespräch mit der Parteiführung der SED soll Gorbatschow dann noch deutlicher geworden sein.

Zu diesem Zeitpunkt hatte ich Berlin bereits verlassen und flog mit einem Mitarbeiter der Grundsatzabteilung des DDR-Außenministeriums nach Moskau. Gorbatschow und Honecker waren übereingekommen, daß die sowjetische Seite der SED bei ihren Gesprächen mit der SPD über einen atomwaffenfreien Korridor in Deutschland keine Hindernisse mehr in den Weg legen würde. Die konkrete Formulierung hinsichtlich bestimmter doppelt verwendungsfähiger Waffensysteme sollten zwei Experten in Moskau mit einem engen außenpolitischen Mitarbeiter Gorbatschows klären. Ich war einer davon.

Der außenpolitische Mitarbeiter Gorbatschows war nicht in Berlin, hatte aber an Gorbatschows Parteitagsrede mitgearbeitet. Im damaligen ZK der KPdSU erwartete er uns herzlich, aber zunächst doch etwas reserviert. Wir erklärten unseren Auftrag und kamen mit unserer Formulierung recht schnell voran. Aber ich spürte die Spannungen zwischen meinem langjährigen sowjetischen Freund und mir. Da kam es ganz plötzlich über mich. Ich bat meinen Begleiter aus dem DDR-Außenministerium, uns kurz allein zu lassen. Dann kam das, was man wohl »coming out« nennt. Ohne Zurückhaltung sprudelte es geradezu aus mir heraus, all der Frust, der sich in den Jahren zuvor angesammelt hatte, all die Wut und Enttäuschung über die verknöcherten alten Herren in der Berliner Parteizentrale, die Begeisterung über den Denk- und Handlungsansatz Michail Gorbatschows, die Fragen nach der Zukunft Deutschlands und Europas. Es war gewiß nicht alles wohlgeordnet und auch sehr emotional vorgetragen, aber ich konnte einfach nicht anders. Ich dachte mir: Jeder von uns muß die Chance nutzen, wenn er sie erhält, unsere Gedanken an einer Stelle loszuwerden, die sie unmittelbar an den neuen ersten Mann der Sowjetunion weiterleiten konnte, an jenen Mann, der doch wohl Veränderungen auf den Weg bringen konnte, auch und gerade in Ostberlin.

Mein Gegenüber hörte bewegt und aufmerksam zu. Dann kam er um den Tisch herum und umarmte mich. Nachdem wir uns wieder gesetzt hatten, legte er sehr eindringlich etwa folgendes dar: Wir wissen, was in Ostberlin vor sich geht. Du wirst die vielen »Ohrfeigen« in Michails Rede auf dem Ostberliner Parteitag für die alten Herren und Honecker persönlich gezählt haben. Wir hoffen, daß sie von einigen anderen Mitgliedern eurer Führung und vor allem auch in eurem Apparat richtig verstanden werden. Sollte das nicht der Fall sein, müssen wir weitersehen. Beachtet jedoch bitte alle, die zu unserem neuen Kurs stehen in der SED und in der DDR stets und unbedingt eines: Unser eigener Reformansatz ist noch nicht ausgereift und gefestigt. Zu frühe und unkontrollierte Bewegungen an der »Westgrenze« des Warschauer Vertrages zur NATO können auch bei uns Beunruhigung auslösen und restaurative Kräfte wieder nach vorn bringen. Gorbatschow muß erst seine eigene Basis stärken, die weltpolitischen Dinge mit den Amerikanern, den Westeuropäern, Japanern und anderen bereden, die Zukunft von RGW und Warschauer Vertrag klären. Dann fügte er zu meiner Überraschung sehr vertrauensvoll hinzu: Die deutsche Frage ist für uns stets eine der wichtigsten, hat unser Land doch über 20 Millionen Tote zahlen müssen. Bei euch da vorn sind unsere Truppen mit gefährlichen Waffen, und ihr selbst habt nun mit deutsch-deutschen Initiativen die Richtung gewiesen, diese Waffen wegzuschaffen. Das ist der einzig richtige Weg, aber alles muß Schritt für Schritt gehen, und das sorgfältig bedacht. Auch wir reden mit den westdeutschen Sozialdemokraten und anderen Politikern. Sind unsere schweren Waffen weg, wird die Lage in ganz Zentraleuropa eine andere sein. Aber auch die westlichen schweren Waffen müssen weg! Die deutsche Frage wird erst gelöst sein, wenn die militärische Konfrontation abgebaut ist, wenn neue europäische Sicherheitsstrukturen vereinbart sind, wenn also die Nachkriegszeit wirklich zu Ende geht.

Er deutete an, daß sich die deutsche Teilung dann selbst erübrigen und ein einheitliches, demokratisches und abgerüstetes Deutschland für die Sowjetunion sehr vorteilhaft sein könne. In diesen Prozeß müsse die DDR aber als *stabilisierter* Partner gehen, und da gebe es bei vielen Experten ernsthafte Sorgen, vor allem Fragen nach dem Zustand der SED, ihrer Verankerung in der Bevölkerung, nach dem Zustand unter den »Jüngeren« und »Aufgeschlosseneren« in den Apparaten von Partei, Staat und Sicherheit. Nach Gorbatschows Rückkehr aus Ostberlin und seinem internen Gespräch mit dem SED-Politbüro, auch mit Vertrauenspersonen, die man unter allen gesellschaftlichen Kräften der DDR habe, werde man im Kreise der Deutschlandexperten und dann noch einmal in den sowjetischen Führungsetagen beraten. Auch meine Meinung werde er weitergeben. Sie sei sehr aufschlußreich und informativ gewesen. Er schlug vor, in engem Kontakt zu bleiben und ihm gut bekannte sowjetische Journalisten in Berlin in meinen Freundeskreis aufzunehmen. Man wolle einen ständigen Gesprächsdialog.

Auch Ratschläge aller Art wären genehm, da sollte ich nicht unbescheiden sein. Er sei oft unterwegs, und wenn es etwas außerordentlich Wichtiges gäbe, könne ich diesen »Kanal« zu ihm persönlich nutzen (was dann auch geschah!).

Das Gespräch hatte rund vier Stunden gedauert. Ich war wie ausgelaugt, aber auch recht glücklich. Das Gespräch hätte ja einen ganz anderen Ausgang nehmen können. Mein großes Zutrauen war nicht enttäuscht worden. Die erlebte Offenheit und die totale Übereinstimmung der Sichten war frappierend. Aber beunruhigt war ich doch über die Andeutung, daß man entsprechend den Prinzipien der Nichteinmischung nicht unmittelbar und direkt die makabre Situation in der SED-Spitze ändern könne und man die noch schwache Position Gorbatschows beachten müsse. Das war ein außergewöhnliches Gespräch zwischen den außenpolitischen Funktionären und Mitarbeitern zweier Parteiapparate gewesen, deren Parteien sich offiziell als »Bruderparteien« bezeichneten.

Beim Abschied von dem sowjetischen Gastgeber und Gesprächspartner lag so etwas wie Wehmut in der Luft. Wie würde wohl in den nächsten Jahren alles weitergehen!? Würde es bei den notwendigen Veränderungen in Ostberlin der sowjetischen Seite gelingen, über ihre unzähligen Kontakte beschleunigenden und steuernden Einfluß zu nehmen? Mir war klar geworden: Alles könnte wieder offen sein und die Karten völlig neu gemischt werden. Diese Ansicht teilte in der SED-Spitze aber niemand, und ich würde mit meinem Wissen und meinen Kontakten sehr vorsichtig umgehen müssen.

Die SED auf Gegenkurs zum »großen Bruder«

Wieder in Ostberlin und auf der »zweiten Etage«, konnte ich schon nach wenigen Stunden erfahren, daß sich das SED-Politbüro zu einem entschiedenen Gegenkurs gegen Gorbatschow in Fragen der Ideologie, der Innen- und Wirtschaftspolitik entschlossen habe. Honecker habe sich über das unverschämte Auftreten Gorbatschows auf dem XI. Parteitag der SED maßlos aufgeregt. Die DDR sei doch in allen Fragen viel weiter, und Gorbatschow müsse noch viel lernen. Er habe überhaupt keine Ehrfurcht vor einen so erfahrenen und international geschätzten kommunistischen Parteifunktionär wie Erich Honecker gezeigt. Er solle lieber dafür sorgen, daß die versprochenen Erdöllieferungen in der DDR ankommen und die eigene Versorgungslage in der Sowjetunion sich nicht so rapide verschlechtere. Unter Stalin und Breshnew habe es alles gegeben, jetzt sei sogar Brot knapp. Das waren harte, distanzierende Worte. Ich dachte zunächst, ich höre nicht richtig. Aber bei dieser Reaktion Honeckers sollte es bis zuletzt, bis zu seinem Sturz 1989, bleiben mit den bekannten Folgen für die Bevölkerung und den schmählichen Zusammenbruch der DDR.

Die Reaktion der Mitarbeiter des zentralen Parteiapparates und auf der Führungsetage des PB auf den Distanz- und Crashkurs zur Sowjetunion war sehr geteilt. Die Mehrzahl der dem geschilderten »ersten« Funktionärstyp zuzurechnenden Mitarbeiter teilten nahezu »naturgemäß« prinzipiell die Empörung Honeckers. Aber erstmals nicht alle. Einige gerieten mit der eingebleuten »Grundwahrheit« von der Pionierrolle der KPdSU und der »strategischen Bedeutung des engen Bruderbundes« in Konflikt und flüchteten sich in Schweigen. Sie ahnten die Folgen eines distanzierten Kurses in Moskau, verdrängten aber zunächst die Frage nach den Konsequenzen. Einzelne beruhigten sich damit, daß man doch in den internationalen Fragen übereinstimme, was entscheidend sei. So habe doch Gorbatschow die BRD aufgefordert, die Beziehungen zur DDR entsprechend den »internationalen Gepflogenheiten« zu gestalten. Das hieße doch: Es bleibt bei zwei Deutschlands!

Andere meinten im Brustton des Überzeugtseins: »Die Freunde können doch gar nicht ohne uns auskommen! Die brauchen *uns* doch zum Überleben!« Solche »bescheidenen Standpunkte« waren besonders in den wirtschaftspolitischen und ideologischen Bereichen anzutreffen. Im internationalen Bereich war man sich mehrheitlich im klaren, daß der Antikurs der SED zu Moskau verheerende Wirkungen zeitigen mußte, ja sogar die Existenz der DDR letztlich bedrohen mußte. Aber etliche der Mitarbeiter hatten unterschiedliche Kontakte zu den verschiedensten politischen Gruppierungen in Moskau und waren sich nicht sicher, ob Gorbatschow am Ruder bleibt und wie lange. Alles in allem herrschte auch hier große Unsicherheit und Verwirrung.

Die »Pragmatiker« des Apparates und der Führungsetage setzten darauf, daß sich schon alles einpendeln werde, denn auf dem angekündigten Wege werde Gorbatschow früher oder später scheitern. Heute sind diese Leute im Grunde genommen in Übereinstimmung mit Honecker & Co. der Auffassung, doch in allem Recht gehabt zu haben!

Die meisten der Mitarbeiter der geschilderten »zweiten« Funktionärsgruppe waren erschrocken und entsetzt. Ich habe Axen ohne jede Abschwächung meine Meinung offen dargelegt. Er reagierte ohne herbe Zurückweisung, mal zustimmend, mal den Kopf wiegend, dann aber immer mehr mit »verständnisvollem Schweigen«, zumindest bis 1987/88, als es immer gefährlicher wurde, eine von der »verkündeten Linie« abweichende Haltung zu zeigen oder auch nur zu tolerieren.

Die DDR-Medien bekamen entsprechend den Beschlüssen und »Hinweisen« des Politbüros, denen auch Axen in keinster Weise widersprach, strengste Zensurauflagen hinsichtlich der Berichterstattung über die Sowjetunion bis hin zum Verbot, bestimmte Begriffe zu benutzen. Es wurden polemische Artikel gegen sowjetische Politiker, Wissenschaftler und Publizisten durch J. Herrmanns »Agitationskommission« regelrecht in Auftrag gegeben. Man benutzte dazu erneut die berüchtigte Hanna Wolf und andere, die über ihre konservativen Freunde in Moskau eine Art »Alarmsystem« errichteten. Es sollte gewährleisten, über die sowjetische Berichterstattung des nächsten Tages unter Nutzung des Zeitunterschiedes »vorab« unterrichtet zu sein und der SED-Führung »passende Artikel« rechtzeitig übersetzen zu können, wie etwa die der Nina Andrejewna.

Hanna Wolf, abgehalfterte ehemalige Direktorin der Parteihochschule »Karl Marx«, bekam gerade in dieser Zeit aufkommender »Götterdämmerung« ein Büro im Hause des Zentralkomitees mit Mitarbeiterin, PKW und Fahrer. War sie zunächst die »wissenschaftliche Mitarbeiterin« von Kurt Hager, so rückte sie im »Endzeitstadium« zur »wissenschaftlichen Mitarbeiterin« Erich Honeckers auf. Die Überlebende des Hotels »Lux« bestärkte den Greis Erich Honecker bis zuletzt in seinem Altersstarrsinn und in seiner Realitätsferne. Die Mitarbeiter des Apparates bekamen bald mit, daß Honecker, Mittag, Mielke, Herrmann usw. ihre »liebe Hanna« wirklich als eine Art absolut zuverlässiger »Geheimwaffe« gegen Tendenzen des »ideologischen Aufweichens« ansahen. Dieselbige tat jedenfalls alles, um ihrem Ruf gerecht zu werden. Sie schrieb noch zusammen mit Prof. Schneider einen verheerenden Artikel im »Neuen Deutschland« zum 100. Geburtstag J. W. Stalins, der offenkundig einer Renaissance des Stalinismus den Weg ebnen sollte.

Das Echo bei den meisten Politbüromitgliedern und den Altkadern des Apparates auf diesen Artikel zeigte uns: Sie waren mehrheitlich von Stalin geformt worden und ihm im Innersten treu geblieben. In ihrer ideologischen Not und Verwirrung wußten sie nichts Besseres, als zur ideologischen Mutterbrust zurückzukehren.

Schockiert waren im Parteiapparat aber die vielen aufrechten Freunde der Sowjetunion, die lange Zeit dort studiert und gelebt und dabei die Völker des Riesenlandes schätzen- und liebengelernt hatten.

Zunächst war schon angewiesen worden, die eigene Nationalhymne nicht mehr zu singen. Nun wurde auch noch das freundschaftliche Verhältnis zur Sowjetunion unter Kuratel gestellt. Unruhe und Irritation breiteten sich in den Reihen der SED-Mitgliedschaft und ihrem Funktionärsbestand aus, wie man bei öffentlichen Vorträgen und zahllosen Gesprächen ebenso mitbekam wie in der Kaufhalle oder beim Bäcker um die Ecke. Der Geruch perfider Heuchelei lag in der Luft. Grundüberzeugungen gerieten jetzt in gravierender Weise in der Partei und im öffentlichen Bewußtsein ins Wanken.

Wenn es auch viele der heutigen »Zeithistoriker« und manche ehemalige Bürgerrechtler aus konjunkturellen und zum Teil auch egoistischen Gründen nicht wahrhaben wollen: Hier setzte, wie im ganzen Volk, auch in der SED selbst eine tiefe Vertrauenskrise ein, die immer irreparabler wurde und zu einer wesentlichen Grundlage und Triebkraft für die Ereignisse im Herbst 1989 und ihren friedlichen Verlauf.

1983 schied in unserem Büro der besonders devote »erste Mitarbeiter« aus gesundheitlichen Gründen aus. Axen schien sich an mich gewöhnt zu haben, ich rückte auf. Als zweiter Mitarbeiter wurde – entgegen seinem Widerstand – ein neuer »Mitarbeiter« geholt, Dr. Krause, ein promovierter Lateinamerikanist, der ebenfalls vorher in der Wissenschaftlichen Arbeitsgruppe der Abteilung Internationale Verbindungen tätig war. Er war ein ruhiger, sachlicher und zurückhaltender Typ. Er hatte auch sehr bald den »richtigen Durchblick« und konnte nur mühsam das Leben auf der »Etage« durchhalten.

Ich selber hatte das außerordentliche Glück, nachdem ich 1984 Mitglied der Gemeinsamen Sicherheitspolitischen Arbeitsgruppe von SED und SPD-Bundestagsfraktion geworden war, manchem schmutzigen Intrigenspiel vorerst zu entgehen. Ich war sehr oft unterwegs.

Die Verhandlungen von Politikern und Funktionären der ideologisch so gegensätzlichen SED und SPD über eine chemiewaffenfreie Zone, einen atomwaffenfreien Korridor und Grundsätze für die Fortsetzung der Abrüstung in Europa bis hin zu einer invasionsfähigen Verteidigung aller Mitgliedstaaten der sich noch gegenüberstehenden gegensätzlichen Militärpakte waren nicht nur ein abrüstungspolitisches Novum. Man kam sich menschlich näher und sprach auch über andere Themen. So schreibt der nicht gerade »linker« Tendenzen zu verdächtigende Verteidigungsexperte der SPD, Erwin Horn, in der 1992 unter dem Titel »Das Undenkbare denken« von Dieter S. Lutz herausgegebenen Festschrift für Egon Bahr zum siebzigsten Geburtstag: »Manfred Uschner zeigte sich als Kollege von erstaunlicher Offenheit. Er nutzte seine Stellung, um menschliches Leid zu vermindern, und hat mir in sehr vielen Fällen bei Familienzusammenführungen geholfen; oft gegen den Widerstand von Behörden im eigenen Bereich. Vor allem bei den jüngeren Vertretern der SED mehrten sich im privaten Gespräch die kritischen Stimmen gegenüber dem bürokratisch-diktatorischen System in der damaligen DDR.«

Allein, daß man seit 1983 vertrauensvolle und erfolgreiche Gespräche mit der SPD über den Abbau des militärischen Drohpotentials führte, stimmte große Teile der SED-Mitgliedschaft nachdenklich und half, scheinbar festgefressene Feindbilder aufzulockern. Diese Gespräche und die dabei entwickelte Atmosphäre, das größere Selbstbewußtsein von SED-Funktionären vor dem Hintergrund des Gorbatschow-Kurses in Moskau ließ die Bedingungen dafür heranreifen, daß auf Initiative von Erhard Eppler ein Dialogversuch über die Wertesysteme beider Parteien unternommen wurde, der am 27. August 1987 zu dem national und international aufsehenerregendem Dokument der Grundwertekommission der

SPD und der Akademie für Gesellschaftswissenschaften beim ZK der SED »Der Streit der Ideologien und die gemeinsame Sicherheit« führte. Dieses Papier, da hat Prof. Reißig sehr wohl recht, löste in der SED lawinenartige Wirkungen aus. Offiziell lehnte das SED-Politbüro Reformen à la Gorbatschow ab. In diesem Dokument wurde aber die Reformnotwendigkeit auch des realen Sozialismus anerkannt. Ebenso die Notwendigkeit eines ständigen Dialogs zwischen allen gesellschaftlichen Kräften und den Bürgern. Gewalt gegen Andersdenkende schloß es aus. Erstmals wurde das Informations- und Wahrheitsmonopol der Staatspartei angezweifelt. Erstmals konnten sich die Bürger der DDR, die Mitglieder und Funktionäre der SED mit den überzeugend formulierten Wertvorstellungen der SPD vertraut machen, über die vordem auch 40 Jahre lang zu schweigen hatten, deren gesamte Familientradition eine sozialdemokratische war. Verdrängte weltanschauliche Positionen, Traditionen, Erfahrungen feierten so auch in vielen Menschen eine Renaissance.

Daß es überhaupt zu diesem Papier kam, verdeutlichte die ideologische Verunsicherung der SED-Führung zwischen Gorbatschowschem Reformkurs und sozialdemokratischer Entspannungspolitik. Das Papier hat oppositionellen Kräften außerhalb der Partei einen größeren Spielraum gegeben und reformerische Kräfte in der SED mutiger gemacht, wenn auch nicht mutig genug. Es verstärkte den Legitimations- und Argumentationsdruck der SED-Mitgliedschaft auf ihre Führung. Die Parteibasis begann, eine offene Diskussion über das Papier einzuklagen. Das barg für das Politbüro wie auch für die Funktionärsgruppe der Altstalinisten die Gefahr in sich, daß dieses Papier in der SED mehrheitsfähig geworden wäre und zur Entmachtung der konservativen Kräfte zu einem früheren Zeitpunkt, als es dann geschah, geführt hätte. Deshalb spielte das SED-Politbüro das Papier bald als ein nichtoffizielles »Dokument zweiter Klasse«, ein Papier von Wissenschaftlern herunter und erteilte Anweisungen zur Beendigung der innerparteilichen Diskussionen über das Papier. Es wurde als »außenpolitisch-taktisch« interpretiert, um den reformerischen innenpolitischen Sprengstoff zu verdrängen. Angesetzte Diskussionen und Vorträge im Parteiapparat wurden nur zögerlich zugelassen, dann ganz abgesetzt.

Doch die Logik des Papiers, seine liberalisierende Kraft waren nicht mehr aufzuheben. Die innerparteiliche Isolierung des Kerns der Betonköpfe in der SED-Führung und im Apparat nahm zu. Man konnte 1987 noch die sofortige Umsetzung des Papiers hintertreiben, aber das Papier wirkte weiter, und die SED-Führung verlor ein weiteres Mal, wie 1985 beim Amtsantritt Gorbatschows, vor der eigenen Mitgliedschaft, der Bevölkerung der DDR und der Weltöffentlichkeit das Gesicht. Das zerstörte das vielbeschworene »Vertrauensverhältnis« weiter.

Die Linien zwischen Veränderungs- und Beharrungskräften verliefen 1989 bereits quer durch alle Reihen. Gegen die Übergriffe der Polizei in den Oktobertagen protestierten Tausende SED-Mitglieder leidenschaftlich. Nicht wenige wurden mitverprügelt. Die SED-Basis stürzte mit ihren Großkundgebungen in kurzer Zeit zwei Parteiführungen: die unter Honecker und die unter Krenz. Auch und gerade da war die tiefe Wirkung des »Ideologiepapiers« zu spüren. Leider kam es nicht zu stabilen Verbindungen zwischen Reformkräften in der SED und oppositionellen Kräften in den Kirchen, die stets über die Verhandlungen zum Ideologiepapier durch die SPD informiert wurden. Das hatte mehrere Gründe, auch der Atheismus spielte eine Rolle. Vor allem aber schienen viele der »Bärtigen Revolutionäre« den SED-Reformern zu sehr dem Westen nahe und unter seinen Fittichen angesiedelt. Andererseits wußte man aus den Medien und durch Flüsterpropaganda, wie sehr die kirchlichen Gruppen von der Stasi unterwandert waren. Und wäre man bei Kontaktaufnahme von ehrlichen Kirchenleuten nicht als weiterer Spitzel vermutet worden? In dieser Frage liegt eine Tragik, über die noch lange zu diskutieren sein wird.

Natürlich hatte die Stasi auch den vorrangigen Auftrag, eine Verbindungsaufnahme von Reformanhängern innerhalb und außerhalb der SED – etwa über die Schiene der SPD und ihre Rückverbindungen in die Kirchen der DDR hinein – unter allen Umständen zu verhindern. Erst später erfuhr ich, daß ab 1987 die Stasi ungehinderten Zugang zu unseren Arbeitsräumen hatte. Längere Zeit waren die Stasi-Leute mit ihren »Erkenntnissen« nicht zum Zuge gekommen, da Honecker und andere keine zu große Unruhe und Lähmung im zentralen Parteiapparat haben wollten.

Anfang Februar 1989 übergab ich aus eigener Initiative heraus meinem Chef ein »Non Paper« zur Sicherheitslage der DDR, falls die UdSSR »ihren Schutzschirm« wegzieht. Axen sagte mir, er habe es auch Keßler gezeigt, der dem Papier zustimme, aber gebeten habe, es niemandem weiter zu zeigen. Ich traf mich trotzdem mit zwei Babelsberger Professoren, darunter meinem Doktorvater, Professor Willy Ersil, zu einem vertraulichen Gespräch über dieses Papier. Auf ihre Bitte hin nahm daran André Brie, der ehemalige Berliner Landesvorsitzende der PDS, teil, den man damals gerade wegen seines organisierten Protestes gegen das »Sputnik«-Verbot in der Mangel hatte. Eine absolut offene Diskussion folgte, bei der nur Brie schwieg. Alle waren sich aber bereits absolut klar darüber, daß die Endzeitphase der DDR begonnen hatte. Wir wollten uns nun regelmäßig reihum treffen, wozu es nicht mehr kommen sollte. Tage danach lud mich zum zweiten Mal Jörg von Studnitz von der Bonner Ständigen Vertretung in Ostberlin, der plötzlich, wie ich von Kollegen des Außenministeriums erfuhr, reges Interesse an mir geäußert habe, zum Mittagessen im Palasthotel ein. Wir hatten wieder den gleichen Tisch und die gleichen Kellner ... Der Gesprächsinhalt war so, daß er nach DDR-Recht schon strafwürdig war. Von Studnitz machte aber noch ein Angebot der Bonner Regierung zu einem »zeitweiligen Burgfrieden in der gegenseitigen Polemik«, das man über mich »weiterleiten« wolle, was ich auch als letzte Amtshandlung tat.

Widerstand hatte es auch ansatzweise in der SED immer wieder gegeben, selbst an der Spitze. Jarowinsky hat mehrfach aufgemuckt, ebenfalls Schürer, Felfe und Krolikowski. Gewiß, Mittag hatte sie immer wieder mit Hilfe seiner Leute und der Stasi zurückdrängen können. So hatte Jarowinsky Honecker im Jahre 1988 auf ernste Versorgungsschwierigkeiten aufmerksam gemacht, weil alle gute Ware über Mittag und Schalck zu Ramschpreisen im Westen verschleudert wurde, aber auch Pflastersteine, historische alte Laternenpfähle, Kunstgegenstände usw. Mittag schlug sofort zurück. In einer Nacht-und-Nebel-Aktion ließ er von Stasi-Leuten früh um 4 Uhr eine Lagerhalle der HO aufbrechen, auf der ein vollbeladener, zur Abfahrt bereitgestellter Lastzug stand. Mittag fertigte eine Protokollnotiz an: Es liege alles nur an der Trägheit des Handels. Im Politbüro und im Apparat spitzte man die Ohren: Was würde geschehen? Honecker glaubte wieder einmal Mittag. Ohne

Unterstützung geblieben, zog sich Jarowinsky zurück. Das Politbüro igelte sich wieder ein.

Sie hatten aber wenigstens versucht, aufzubegehren, andere nicht ein einziges Mal. Gewiß war das gefährlich und wurde immer gefährlicher. Aber viele kleine Aktionen des Widerstandes hätten vielleicht doch einen Wandel aus eigener Kraft und aus den eigenen Reihen heraus befördern können. Natürlich waren viele verunsichert, weil seitens Gorbatschows nichts getan wurde, um die Lage zu ändern. Vielleicht hätte man aber auch in diese Richtung mehr unternehmen sollen? Hätte man nicht auch die Ausstrahlung des Ideologiepapieres 1987 auf den gesamten Parteiapparat nutzen können, um eine »Generaldebatte« einzuleiten? Das Papier hatte doch das Politbüro passiert. Man konnte sich darauf berufen. Die Funktionärsgruppe der Altkader war in die Defensive gedrängt und verstand die Welt von nun an nicht mehr. Spitzel waren zunehmend verängstigt. Reformbejahende Apparatmitarbeiter traten deutlicher hervor. Ligatschow hatte Gorbatschow nicht verdrängen können. Warum ließ man diese chancenreiche Situation so völlig ungenutzt, gerade und auch im gewählten Zentralkomitee, die jüngeren Bezirkssekretäre der SED? Wollte man wirklich auf »den normalen Wechsel zu Krenz« entsprechend der Parteitradition warten? Dann haben diese Parteifunktionäre nicht einmal den Versuch unternommen, ihre Macht zu nutzen. Der Hinweis auf Parteidisziplin überzeugt mich da nicht! Wer war denn die Partei? Die Greise im Politbüro? Das MfS? Oder Millionen ehrlicher Parteimitglieder, die ihren jüngeren Funktionären mehr Mut und mehr Kraft zur Veränderung zugetraut hatten? Daß es »zu Ende« gehen würde, konnte man 1988/1989 doch an so vielen Dingen ablesen. Auch an der plötzlichen hektischen Verstärkung der Vorbereitung der Parteiführung der SED auf den »Kriegs- und Verteidigungsfall«.

Am 20. Februar 1989 erklärten mir Hermann Axen und Kaderchef Fritz Müller, daß ich wegen unverschämter Kritik an führenden Funktionären der Partei fristlos entlassen sei und das Gebäude sofort zu verlassen habe. Nach über 20 Jahren Arbeit im ZK mußte ich nun mit dem Laufzettel die Runde machen. Überall wurde ich erstaunt und mitfühlend »verarztet«, auch in der Abteilung Sicherheitsfragen, die von nichts wußte, auch ihr neuer Chef, W. Herger, nicht.

Kurze Zeit danach hatte mich auf Anweisung der Kaderabteilung des ZK das Zentralinstitut für Philosophie an der Akademie der Wissenschaften mit halbiertem Gehalt einzustellen. Meiner Bitte, entsprechend meiner Ausbildung an das Institut für internationale Beziehungen zurückgehen zu dürfen, wurde entschiedene Ablehnung zuteil.

Ich hatte mich nun mit einem Arbeitsgegenstand, der Geschichte der Philosophie, zu befassen, von dem ich so gut wie keine Ahnung hatte. Ich konnte mich nur blamieren. Der Institutsdirektor, der dreimal in der Woche von der Stasi angerufen wurde wegen meines Verhaltens und möglicher »Verbindungsaufnahmen«, hatte mich aber absichtlich in diesen sich gerade mit Descartes beschäftigenden Bereich gesteckt, weil in einem anderen, von den Kaderleuten ausgesuchten Bereich mehrere »Informanten« tätig seien. Dafür muß ich ihm wohl dankbar sein.

Von nun an war ich nicht mehr im Apparat drin. Aber einige gute Freunde hielten zu mir Kontakt, auch sowjetische Gesprächspartner, so daß ich über die Phasen der »Götterdämmerung«, die mit dem Rausschmiß von rund 20 000 Partei- und Staatsfunktionären im Januar/Februar 1989 auf allen Ebenen begonnen hatte, und das totale Versagen der SED-Führung beim nun immer öfter notwendigen »Krisenmanagement« recht gut informiert bin, auch über »das Ende«.

Es geht mit der DDR zu Ende

Wenn man mich am Ort meiner Strafversetzung fragte, warum ich aus dem ZK rausgeschmissen und »ruhiggestellt« worden sei, antwortete ich stereotyp: »Wir befinden uns wohl in einer Umbruchsituation, und da ist so etwas in unserem System wohl normal!« Selbst der Parteisekretär des Institutes, Prof. Röseberg, stimmte dieser Ansicht zu. Und in der Tat, die Umbruchsituation zeichnete sich seit geraumer Zeit in allen sozialistischen Ländern ab. In der Sowjetunion hatte Gorbatschow den einzigen Ausweg aus dem System der Verkrustungen in tiefgreifenden Reformen gesucht. In seinem Buch »Zum europäischen Frieden – 10 Antworten an Gorbatschow« hatte Egon Bahr 1988 das Dilemma des »real existierenden Sozialismus« ungeschminkt beschrieben: »Theoretisch hatte der Kommunismus im Laufe der Zeit eine immer stärkere Attraktivität auf Menschen und Völker gewinnen sollen; praktisch war das Gegenteil der Fall gewesen. Der neuen sowjetischen Führung, der dritten Generation nach den revolutionären Gründern von 1917, mußte klar werden: Die Fortsetzung eines Systems der Verkrustung und des Selbstbetrugs ... würde in einem geschichtlichen Sinne das System überhaupt in Frage stellen ... Reform war zuletzt zu einem Zwang geworden, einem Zwang zum Wagnis allerdings ... Wenn die Flamme des neuen Denkens, der Verantwortung des einzelnen und der Offenheit erst einmal entzündet ist, wer will dann bestimmen, in welche heute noch dunklen Ecken sie nicht leuchtet?«

Dieses Buch las auch Hermann Axen. Ich versuchte, mit ihm mehrfach darüber zu sprechen. Es war vergeblich. Im Apparat blieb das Buch unbekannt, obwohl es neben Axen auch Honecker und andere PB-Mitglieder von Egon Bahr mit Widmung zugestellt bekommen hatten. Da hat es wohl so manchen Wutanfall ob der düsteren Prognosen gegeben ...

Gewiß, ein Wagnis war das, was Gorbatschow angefangen hatte. Aber einem namhaften westdeutschen Naturwissenschaftler hatte Gorbatschow auf die Frage, ob er denn glaube, überhaupt mit dem neuen Reformkurs siegen und überleben zu können, unter vier Augen geantwortet: Ich weiß nicht, ob *ich* siege und überlebe, wahrscheinlich werde ich sogar scheitern. Aber wenn jetzt nicht einer anfängt, die Verkrustungen und veralteten Dogmen aufzubrechen, landen wir in der Katastrophe. Einer mußte beginnen, darauf kam es an. Hoffentlich ist es nicht viel zu spät ...

Im Frühjahr 1989 war schon das Wetterleuchten auch in den dunkelsten Ecken des »sozialistischen Lagers« erkennbar. Es rumorte überall.

Als sich die Ereignisse zu überschlagen begannen, trat die totale Unfähigkeit der bisherigen Führung und ihrer »FDJ-Reserve«, aber auch des Parteiapparates in seiner Gesamtheit zutage. Für außerordentliche Ereignisse und ein besonnenes Krisenmanagement waren diese Funktionäre weder geistig, noch charakterlich, noch von den organisatorischen Fähigkeiten her vorbereitet, von der Fähigkeit, auf die eigene Bevölkerung zuzugehen, ganz zu schweigen. So nahmen die Dinge ihren Lauf.

Das Buschfeuer der Massenausreisen breitete sich rasch aus. Keiner war fähig, es zu löschen. Der Regierung rannte das Volk davon, die Mauer über Umwege umgehend. Ein neues Volk hätte man da wohl gern gehabt, die Zurückbleibenden fragten aber zunehmend nach einer neuen Regierung, nach einer grundlegenden Wende.

Drohartikel im »Neuen Deutschland« kündeten vom unveränderten Starrsinn des Politbüros. Die Zeit für konstruktive Lösungen verstrich. Die ganze Welt konnte sehen, wie in Sopron die DDR-Bürger über die Grenze gingen und dann ab 11. September 1992 sogar mit ihren Trabis und Wartburgs in nicht enden wollender Kolonne nach Österreich hinüberfuhren.

Die Unfähigkeit der SED-Spitze, sich auf die Zuspitzung der Krise einzustellen, zeigte ein offizieller Kommentar zu der Ausreise der Botschaftsflüchtlinge aus Prag und Warschau in der »Aktuellen Kamera« des DDR-Fernsehens am 1. 10. 1989, der am folgenden Tag im »Neuen Deutschland« nachzulesen war. Honecker hatte persönlich in den Kommentar eingefügt: »Sie alle haben durch ihr Verhalten die menschlichen Werte mit Füßen getreten und sich selbst aus unserer Gesellschaft ausgegrenzt. Man sollte ihnen deshalb keine Träne nachweinen.«

Nur einige wenige, die um das nahe Ende zuverlässig wußten, wollten, wie schon seit längerer Zeit vorgehabt, nun endlich handeln. Sie polarisierten sich in eine Anhängerschaft der »FDJ-Gruppierung« um Egon Krenz und eine des viel profilierteren, konsequenteren, aber noch außerhalb der Zentrale befindlichen Hans Modrow.

Die dargestellte »erste« Funktionärsgruppe der »Altkader« glaubte an ihre eigenen Durchhalteparolen bzw. war überzeugt, daß es unter Krenz, der ja bisher auch keine klare Anti-Honecker-Konzeption hatte erkennen lassen, wohl in etwa so weitergehen könnte, so mit etwas »Augenzwinkern« – man kannte sich doch lange genug.

Einige hofften noch auf ein Wunder, andere gaben innerlich auf. Sie brüteten dumpf vor sich hin, sahen ihr bisheriges politisches Leben, ihre weltanschaulichen Positionen und Zukunftserwartungen verlorengehen. Etliche trieben ihr Denunziantentum auf die Spitze, was bei den deutschen Spießern in Untergangs- und Übergangszeiten stets ein besonders fieser und charakterloser Massensport zu sein scheint. Vom Typ der Pragmatiker flüchteten sich einige in Krankheit oder ein Anbändeln nach allen Seiten.

Einheitliches, entschlossenes Handeln scheiterte also an der Uneinigkeit möglicher Akteure und an der bis Mitte Oktober 1989 nicht unberechtigten Furcht vor dem immer wütender um sich schlagenden Mielke-Apparat. Eine große Rolle spielte die tiefverwurzelte Ansicht, in der Krise müsse man die »Einheit« bewahren, um dem »Gegner« entschlossen begegnen zu können und einen Sieg des Kapitalismus mit allen seinen negativen Seiten zu verhindern. Man hatte Sorge vor einer totalen Niederlage und Katastrophe und den damit verbundenen persönlichen Folgen.

So wurde im Krisensommer 1989 weiterhin gegen unliebsame Parteifunktionäre vorgegangen. Von Januar bis November 1989 verlor die Partei durch Ausschluß, Streichung oder Austritt 66 000 Mitglieder. Zusammen mit der Kadersäuberungskampagne vom Februar 1989 demonstrierte das einerseits den wachsenden Widerstand denkender und verantwortungsbewußt auftretender Menschen in der Partei. Andererseits zeigte sich, daß eine Solidarisierung der verbliebenen Mitglieder und Funktionäre mit den Bestraften ausblieb. Die »Nachbehandlung« durch die Observation des MfS und seines Spitzelsystems reichte bis Ende 1989. So hatten die vergreisten Betonköpfe in der Führung die Mehrheit der Partei bis September/Anfang Oktober 1989 ziemlich sicher unter Kontrolle. Viele Parteimitglieder schluckten Unmut und Empörung hinunter, andere nicht mehr ...

Auch die Bestraften und Ausgeschlossenen fanden größtenteils keinen gangbaren Weg, sich den meist kirchlichen Oppositionsgruppen anzuschließen.

Völlig ins Abseits gestellt, von den Stasi-Leuten ohne Unterbrechung bespitzelt, war mein Bewegungsspielraum und der auch vieler anderer »Gefeuerten« stark eingeschränkt. Hätte ich nicht einen zu mir haltenden Freundeskreis, einschließlich einer sowjetischen Journalistenfamilie, und den Beistand von Nachbarn gehabt, ich wäre völliger Verzweiflung erlegen. Ich konnte erst im Juli 1989 der SPD über einen früheren italienischen Nachbarn, der den Brief in seinem Slip und – wie er mir später eingestand – voller Furcht über die Grenze beförderte, mitteilen, daß ich noch lebe und der Alte geblieben sei und Kontakte wünsche.

Wenige Tage später erhielt ich eine telefonische Einladung in die Ostberliner Botschaft der USA, wo ein sozialdemokratischer Freund und Professor Reißig auf mich warteten, was ich erst nach der Wende in der US-Botschaft selbst erfahren sollte. Damals im Juli 1989 standen noch die Wachposten in den grünen Uniformen und viele junge Männer in Zivil davor ... Die Frage war: Wie hineinkommen und wie wieder heraus? Mit meinem Institutsdirektor besprach ich verschiedene Tricks, um es trotz STASI-Bewachung zu schaffen. Aber man winkte ab. Es sei zu gefährlich, was mir nach der Wende dann im Herbst 1989 von den Amerikanern bestätigt wurde. Es hätte meine Inhaftierung zur Folge gehabt, ohne damit etwas politisch bewegen zu können. Mr. Bindenagel sagte mir: »Wissen Sie, die deutsche Arbeiterbewegung hat es noch nie vermocht, einen aus ihren Reihen Bestraften wirklich zu rehabilitieren oder gar ›zum Helden werden‹ zu lassen. Für die Bürgerbewegung wären Sie aber sowieso zu spät gekommen. Außerdem gab es dort genug STASI-Mitarbeiter. Wer weiß, was Ihnen noch passiert wäre!«

Übrigens brannte wenige Tage nach den Telefonaten mit der amerikanischen Botschaft tatsächlich unser fast fabrikneuer »Wartburg«, der gerade vor einem Kindergarten stand, von dem meine Frau unseren Sohn abholen wollte. Nur die Geistesgegenwart meiner Frau und eines Passanten verhinderten Schlimmeres. Ein »Experte« flüsterte mir Tage später zu, daß der Kriechbrand uns nachts alle hätte in die Luft jagen können, da der Wagen in der Garage unter dem Kinderzimmer stand. Vielleicht sei es aber auch nur eine Warnung gewesen ...

Die Apparate von Partei und Staat, besonders auch das MfS, begannen im August 1989 auf Hochtouren zu laufen. Der 40. Jahrestag der DDR stand bevor. Honecker und seine Altherrenriege wollten ihn zum Höhepunkt ihres politischen Lebens machen und gleichzeitig Gorbatschow und den anderen internationalen Gästen vorführen, wie stark und stabil die DDR sei. Die Krisenhaftigkeit der Lage sollte überspielt werden, koste es, was es wolle.

Mein sowjetischer Freund, ein Journalist mit kurzem Draht zum außenpolitischen Mitarbeiter Gorbatschows, beantwortete meine Frage, warum Gorbi überhaupt noch komme, so: Er will sich zeigen, die Menschen aufmuntern und ein letztes Mal mit der Führung sprechen, um den grundlegenden Wandel einzuleiten.

Ich war skeptisch. Das war doch alles viel zu spät. Die Bewegung von unten war durch Aktionen an der Spitze gewaltfrei schon zu diesem Zeitpunkt kaum noch aufzuhalten. Es mußte also noch starke Kräfte in der SED, im MfS und in der NVA geben, die *ihren* offenkundig einflußreicheren sowjetischen Partnern weiterhin die Vorgänge in der DDR weniger dramatisch schilderten. Auf jeden Fall spielte die sowjetische Botschaft aus meiner Sicht heraus in dieser Zeit eine merkwürdige Rolle. Ihre Tätigkeit war abwartend und ambivalent, wahrscheinlich im Ergebnis des Wirkens unterschiedlicher Strömungen in den sowjetischen Apparaten, die von den jeweiligen sowjetischen Diplomaten vertreten wurden.

Die zum DDR-Jubiläum erschienenen internationalen Gäste wollten wohl eigentlich zu einer Geburtstagsfeier kommen. Aber sie kamen zu einer vorweggenommenen Totenmesse.

Am 7. Oktober 1989 traf sich um 13 Uhr Gorbatschow mit dem SED-Politbüro; vorher hatte er mit Honecker allein gesprochen. Wie mir mein sowjetischer Freund angekündigt hatte, sollte das der »letzte Versuch« sein, die alten Herren, die sich auf den XII. Parteitag, nun schon 1990, vorbereiten wollten, zur Räson zu bringen. Feinfühlig, viel zu feinfühlig versuchte Gorbatschow, Honecker und seine Genossen von der Notwendigkeit tiefgreifender Veränderungen zu überzeugen. Honecker reagierte scharf und abweisend, betete die Erfolgsformeln Günter Mittags über die Durchbrüche in der Mikroelektronik, das »stabile und dynamische Wirtschaftswachstum« der DDR herunter. Gorbatschow wurde deutlicher und verlangte den notwendigen Mut zu Veränderungen, die DDR sei doch das »gemeinsame Werk« beider Länder und Parteien gewesen. Honecker reagierte entsprechend seiner stereotypen Formel »Vorwärts immer, rückwärts nimmer!« Dies stelle den Wesensgehalt der »vom Volke getragenen« Politik der SED dar. Stille lag über dem Raum. Von Gorbatschow hörte man nur ein: »Tse, tse, tse!« Dann versuchten einige andere Politbüromitglieder, wie Stoph, die Banalität der Worte des SED-Generalsekretärs abzuschwächen. Bei der Abfahrt vom Ort des Treffens verabredeten sich einige, »nun zu handeln«.

Auf einer der 9. Tagung des Zentralkomitees vorausgehenden Politbürositzung schlug Stoph dann nach vorangegangenen »konspirativen« Absprachen eine Änderung der Tagesordnung und die

Absetzung Honeckers vor. Mittag, der sich wie Mielke in der Debatte schamlos gegen Honecker stellte, wurde ebenso seiner Funktion verlustig wie der Mediendiktator Joachim Herrmann.

Auf der ZK-Tagung selbst wurde Honecker mit einer Gegenstimme, jener der berüchtigten Hanna Wolf, abgewählt. Er verlas noch eine kurze Erklärung, in der er abschließend Krenz, den vor Jahren von ihm selbst ausgewählten Kronprinzen, als Nachfolger vorschlug. Dann verließ er den Raum. Seine Ausweise und Dokumente hatte er schon auf seinem Schreibtisch in seinem Büro aufgestapelt. Er verließ dieses Gebäude, von dem aus er uneingeschränkte Macht ausgeübt hatte, für immer. Seine Mitarbeiter folgten Tage und Wochen danach. Honecker wartete, von fast allen alleingelassen, das Weitere ohne eigene Initiativen ab.

Dann kam die 10. Tagung des Zentralkomitees. Erstmalig wurde die bankrotte Wirtschaftslage der DDR offengelegt. Das bisherige Politbüro trat zurück. Krenz schlug seine Wiederwahl, ergänzt durch einige seiner jüngeren Kandidaten vor. Doch das Zentralkomitee verlangte Einzelabstimmung. Nach zahlreichen Anfragen erhielten einige nur denkbar knappe Stimmenmehrheiten. So etwas hatte es noch nie gegeben. Aber eine total erneuerte Führung gab es auch nicht!

Der Tagung lag der Entwurf einer neuen Reiseregelung vor, die von zwei Experten des MdI und zwei Experten des MfS recht verklausuliert formuliert war, aber praktisch auf völlige Reisefreiheit und Grenzöffnung hinauslief: Mit einigen meiner Freunde bin ich überzeugt, daß die meisten Adressaten dieses Entwurfs gar nicht die Aussage dieses Papiers verstanden hatten, denn sie fuhren nach der Tagung nach Hause, als wäre nichts Besonderes geschehen. Die Hektik war groß an diesem Tage. Auf einer Pressekonferenz während der ZK-Tagung ließ Schabowski, scheinbar aus Übermüdung und gleichsam nebenbei, als habe er die Bedeutung seiner Mitteilung gar nicht erfaßt, die Nachricht über die Öffnung der Berliner Mauer bekanntgeben, was Stunden später die bekannten Ereignisse auslöste.

Natürlich, historisch gesehen, war dieser Akt längst überfällig. Aber was nun geschah, war völlig überhastet und unvorbereitet und hätte zu schlimmen Zwischenfällen führen können. Nun gerieten alle nachfolgenden Ereignisse außer Kontrolle. Spontanität und pragmatisches Hinterherreagieren prägten die Szenerie.

Die Stunde Null hatte begonnen, das Ende der DDR war zum Greifen nahe. In einigen Bereichen blieben die Uhren erst einmal gleichsam stehen. Andere eilten der Zeit weit voraus. Nicht ungefährliche, noch starke Kräfte waren da, die in den Oktobertagen versucht hatten, die Zeiger der Uhr zurückzudrehen.

So erfuhr ich am 9. Oktober 1989 kurz nach 18 Uhr von einem Nachbarn, daß im Lagestab des MfS in der Normannenstraße, wie ihm gerade sein Bruder signalisiert habe, an einem »Schießbefehl« »gebastelt« werde. Seine Schwiegertochter habe mitbekommen, und zwar mit eigener Augenscheinnahme, daß im Wachregiment »Feliks Dzierżinski« in Berlin-Adlershof schwere Waffen auffahren. Auch die Polizei erhalte Langlaufwaffen. Wenige Minuten später rief mich ein Freund, der auch nach meinem Rausschmiß zu mir gehalten hatte, erregt aus dem ZK an: Man schaffe die »Kriegskasse« in die vorgesehenen Bunker rund um Berlin. O je, dachten wir entsetzt, gerade in kleiner Runde zusammensitzend: Jetzt geht es doch tatsächlich noch los! Da erinnerte ich mich meines sowjetischen Freundes und rief mit zitternden Händen an. Gott sei Dank, er war zu Hause. Ich sagte nur: »Komm sofort, es geht um alles!« Der Journalist kam. Wir trafen uns in einem kleinen Wäldchen in Altglienicke, die »Bracke« genannt, wohin ich mit dem uralten Fahrrad der Nachbarin fuhr. Ich teilte meinem Freund die gerade erfahrenen Fakten mit. Er raste davon. Kurz darauf war, wie ich etwas später schon erfuhr, Moskau informiert. Dieses reagierte über seine Verbindungsoffiziere gegenüber DDR-Spitze und MfS. Auch Amerikaner erklärten mir nach der Wende, davon erfahren zu haben.

Ich schreibe das nicht auf, um Heldenlegenden von Masur und Krenz etwa eine selbstgebastelte hinzuzufügen und mich dadurch »aufzuwerten«. Andere haben bestimmt ähnlich gehandelt. In meinem Fall sind noch alle Zeugen am Leben. Viel wichtiger, als mich damit »dicke« zu tun, war doch, ein schreckliches Blutbad mit ungeahnten Folgen zu verhindern. Der Dank der »Freunde« wurde mir mit mehreren, extrem großen Whisky-Flaschen zuteil. Das war wohl eine zeitgemäße Auszeichnung. Das Schlimmste war verhindert worden. Viele Kräfte sorgten für den weiterhin friedlichen Verlauf der Entwicklung.

Krenz und seine Leute aber erwiesen sich als total unfähig und konnten sich von den Methoden ihrer Vorgänger kaum lösen. Auch der alte Apparat war weitgehend geblieben. Am 8. November 1989 sah ich während der Kundgebung vor dem ZK-Gebäude, in dem ich 20 Jahre meines Lebens gearbeitet hatte, meine ehemaligen »Kollegen« aus der Führungsetage wieder, als sie sich im Auftrag der ZK-Parteileitung in unsere Reihen mischten, mit unbewegten oder feindseligen Gesichtern, in ihren meist maßgeschneiderten dunklen Mänteln. Wir – das waren u. a Vertreter aus den SED-Grundorganisationen der Akademie der Wissenschaften, der Humboldt-Universität, des Werks für Fernmeldewesen, die Krenz, Schabowski und anderen zeitweilig die ZK-Tagung verlassenden Spitzenfunktionären unmittelbar auf und vor den Stufen des ZK-Gebäudes gegenüberstanden. Unser Parteisekretär, Prof. Röseberg, verlas auf diesen Stufen eine von uns demokratisch beschlossene, allerdings in scharfen Worten gehaltene Erklärung, die einen außerordentlichen Parteitag statt der von Krenz aus durchsichtigen Gründen favorisierten Parteikonferenz forderte, die allerdings am Folgetage im Gegensatz zu anderen Erklärungen *nicht* im »Neuen Deutschland« abgedruckt wurde.

Ich selbst stand nun als kleiner, abgeschobener Wissenschaftler mitten in der Menge. Überall hatten die hinausbeorderten ZK-Mitarbeiter Gruppen gegen uns gebildet, auch meine früheren Kollegen aus der »zweiten Etage«. Außer einem Mitarbeiter des Büros Hager, mit dem ich seit längerem befreundet war, gab mir niemand die Hand. Man stand mir, uns, total feindlich, ablehnend gegenüber. Da war eine *Front*, und alle meine früheren Kollegen, auch jene, die in Gesprächen mit mir so oft meinen Auffassungen zugestimmt hatten, standen auf der *anderen* Seite. So weit war es also gekommen! Das hier war aber doch nicht die Leipziger Montagsdemonstration. Hier stand man den *eigenen* Genossen, deren Unwillen man dämpfen sollte, Zugreifen notfalls eingeschlossen, gegenüber. »Buh« schrien diese Leute doch wirklich, als es um die Forderung nach konsequenter Demokratisierung ging. Ich war tief betroffen und wie gelähmt. Ich hatte gehofft, daß die vernünftigen Leute des Apparates jetzt endlich, wenigstens in allerletzter Minute, die

Gelegenheit beim Schopfe packen würden! Welche Macht hätten sie zu dieser Stunde noch in den Dienst wirklicher Demokratisierung der Partei stellen können, etwa ihrer Auflösung und demokratischen Neugründung »von unten«!!! Doch die machten da einfach weiter, im alten Trott, auf die gleiche Art; ich konnte es einfach nicht fassen! Ich sah die Organisatoren des Vorgehens gegen die eigenen Genossen, erkannte die übliche Regie, mit der man Andersdenkende isolieren und mundtot machen wollte. Von drinnen wurden wir gefilmt, als wären wir »Konterrevolutionäre«.

Das war die Stunde des endgültigen Scheiterns der Mitarbeiter der »Führungsetage«. Nun konnte man sich nicht mehr mit der Angst vor dem Mielke-Apparat herausreden, der am Zerbrechen war. Nun endlich hätte man sich auf die Seite der Parteibasis stellen, Legitimation erwerben und bisher nur heimlich geäußerte Gedanken öffentlich machen können.

Jetzt hätte man sich ohne Angst vor den Folgen den Angehörigen der »Mafia« und ihren potentiellen Nachfolgern, hätte man sich der Inkompetenz von Egon Krenz verweigern können. Jetzt, in dieser Stunde, hätten die Klügsten des Apparates, gerade auch der Führungsetage, ihre potentiell immer vorhandene Macht demonstrieren können. Nichts von alledem geschah. Man wollte nur »die Niederlage« und mögliche Konsequenzen abwenden oder zumindest hinausschieben. Krenz wollte nur eine Parteikonferenz mit weniger Entscheidungskompetenzen und der Chance eines Zeitgewinns. Also war man für eine Parteikonferenz. Es schmerzt mich sehr, sagen zu müssen: Das war für mich eine der größten politischen Enttäuschungen meines Lebens. Jetzt hätte man handeln und die konsequente Veränderungen anstrebenden Kräfte sofort nach vorn bringen müssen! Aber das Gegenteil geschah. Die Ohnmacht der Führung paarte sich jetzt mit der Ohnmacht des Führungsapparates, der sich gegen den »Angriff des Feindes« glaubte wehren zu müssen. Gegen die eigene Parteibasis?

Die Mehrheit der Parteimitglieder und der Bevölkerung erstrebte zu diesem Zeitpunkt einen anderen, besseren, menschlicheren Sozialismus mit frischen Führungskräften an der Spitze, wirklich demokratisch gewählt.

Am 3. Dezember 1989 standen die Vertreter der Berliner Parteiorganisation wieder vor dem ZK-Gebäude, hinderten Krenz und andere am Reden. Das war das Ende seiner kurzen Amtszeit, in der er nicht einen Hauch von Profil und Format hatte erkennen lassen. Das gesamte Zentralkomitee trat zurück. 12 Mitglieder waren ausgeschlossen worden. Auf der »Führungsetage« begann das Schränkeaufräumen und Aktenvernichten, besonders im Büro Mittag (wahrscheinlich nicht alles, denn mit einzelnen Aktenseiten wird »auf dem Markt« gehandelt und zu erpressen versucht).

Was würde nun werden? Es herrschte große Unsicherheit in allen Büros. Etliche Mitarbeiter hielten sich für unentbehrlich auch im »neuen Apparat« und warteten ab. Einige Mitarbeiter, vor allem aus dem Büro des Politbüros, wurden von der SED/PDS und dann PDS übernommen. Einige Mitarbeiter waren sofort spurlos verschwunden, wie auch einige Ärzte des Regierungskrankenhauses und Sicherheitsleute. Die Mehrzahl der Gruppe der »Altkader« ging in den Vorruhestand und die Rente. Sie bedauern teilweise den »verlorengegangenen Krieg« und seine sozialen Folgen, üben sich in Nostalgie und haben die SED/PDS zum Teil nach und nach schmollend verlassen. Sie ist ihnen inzwischen »zu sozialdemokratisch« geworden.

Andere halten »der Partei« die Treue. Viele sind sehr krank und zu aktivem politischem Handeln auch gar nicht mehr fähig. Ihre Welt der Grundüberzeugungen und der Machtbeteiligung ist zusammengebrochen. Mit den neuen Verhältnissen kommen sie nicht zurecht. Sie sehen in ihnen eine Bestätigung ihrer früheren Haltung: Der Kapitalismus ist so schlecht, wie früher von der SED dargestellt, eigentlich noch unmenschlicher. Gewiß, der Sozialismus wurde geschönt dargestellt ... Schuld an allem sei aber Gorbatschow. Hierin ist man sich mit dem gescheiterten Honecker einig.

Den Angehörigen der als »zweite«, aufgeschlossenere Funktionärsgruppe Geschilderten geht es meist schlecht. Sie sind arbeitslos oder schlagen sich als Mitarbeiter kleiner Firmen durch. Die Vertreter des pragmatischen Typs dagegen haben zumeist den Übergang in die »freie Marktwirtschaft« erfolgreich geschafft. Sie werden auch heute wieder gebraucht. Aufsässigkeit ist erneut in keiner Form förderlich. Viele der unangenehmsten Domestiken des ZK-Apparates, also der »Dienstleistungsbereiche«, wurden von den neuen Herren übernommen und verdienen gutes Geld. Die Sekretärinnen sind meist in guten Stellungen der Wirtschaft, bei Banken und Versicherungen untergekommen, ähnlich den »Pragmatikern«. Von letzteren bekommt man nicht selten zynisch gesagt: »Na, was hat dir dein Aufbegehren damals schon eingebracht? Anpassung ist gefragt, und nur in der Wirtschaft wird nicht nach deiner früheren Tätigkeit gefragt! Daß du *vorher* rebelliert hast, interessiert sowieso niemand!«

Ich wurde am 17. Februar 1990 von der Schiedskommission »rehabilitiert«. Am gleichen Tage wurden 37 Angehörige der »Mafia« aus der Partei ausgeschlossen.

Die SPD ließ sich vom provokatorischen »PDSPD«-Plakat der CDU/CSU erpressen und zu einer pauschalen Ausgrenzungserklärung gegenüber den ehemaligen SED-Mitgliedern hinreißen, was sich bis heute für die im Osten schwindsüchtig und zum Teil auch »rachsüchtig« gebliebene Partei bitter rächt.

Die SED/PDS verurteilte im Winter 1990 alle sozialdemokratischen Neigungen und Plattformen scharf. Deshalb stimmte ich in meiner Grundorganisation an der Akademie der Wissenschaften im Januar 1990 für eine Urabstimmung über die Auflösung der Partei. Fast 80 Prozent waren trotz heftigen Gegenhaltens bestimmter Kräfte dafür. Wir wollten einen wirklichen Neuanfang: Urabstimmung, bei Mehrheit Auflösung der Partei am Morgen eines Tages, sofortige Neugründung von unten, von der Basis her als eine Partei des demokratischen, menschlichen Sozialismus.

Ob jene, die unsere und Tausende andere gleichlautende Beschlüsse schnöde beiseite fegten, recht hatten damit, muß sich noch erweisen. Auf jeden Fall hätten nicht persönliche, finanzielle und nicht zuletzt Machtinteressen den Vorrang vor unseren Willensbekundungen erhalten sollen. Argumente, der KPdSU nicht in den Rücken fallen zu dürfen, das Besitztum der Partei und die Unantastbarkeit der Mitglieder zu retten, die Existenz der DDR zu sichern, erwiesen sich als letztlich nicht haltbar. So verließen Millionen Menschen ihre Partei, der sie so lange angehört und in der sie so vieles mitgemacht hatten, aus dem Gefühl tiefer Enttäuschung, des weiterhin nicht Gefragtseins und Gebrauchtseins.

Die in der Zeit vor der Wende von den stalinistischen Kräften in SED und STASI Geschaßten bat niemand zurück und niemand um Mithilfe. Mit rein formalen »Rehabilitierungen«, oftmals posthum, hatte die kommunistische Bewegung schon immer solche Fälle ad acta gelegt. Vielleicht fürchteten sich auch manche, feige geblieben zu sein und Freunde in der Not im Stich gelassen zu haben. Das halte ich sogar für menschlich verständlich, wenn auch nicht gerade ehrenwert.

Fazit und Ausblick

Zwei Jahrzehnte meines Lebens habe ich in der Machtzentrale einer letztlich gescheiterten Partei gearbeitet. Wie man dahin kam, ist heute unwichtig, wie und wann man hinauskam, schon weniger. Für den einzelnen zumindest.

Mit Hunderttausenden anderen Parteimitgliedern war ich von der Notwendigkeit und Möglichkeit einer sozialistischen Alternative zum Kapitalismus überzeugt, vom Antifaschismus der Begründer der DDR, von der Fähigkeit der Partei, zu lernen und sich immer wieder zu reformieren. Im zuletzt genannten Punkt haben wir uns alle geirrt.

Wir glaubten mehrheitlich nicht daran, daß Karl Marx, Friedrich Engels und Lenin gottgleich die Entwicklung der Menschheit auf Jahrhunderte voraussehen konnten, daß alle Entwicklung Gesetzmäßigkeiten unterliege, die von der jeweiligen Parteiführung nur »aufgespürt« werden müssen, um eine richtige Politik zu betreiben. Wir verachteten mehrheitlich alle Formen des Personenkultes. Die Verbrechen Stalins, die Ereignisse von 1953, 1956, 1961 und 1968 hatten uns aufgerüttelt, in unseren Grundüberzeugungen erschüttert. Doch kolportierten wir noch vieles von dem, was uns als Marxismus-Leninismus, als unverrückbare allgemeine, durch Wissenschaft und Praxis bestätigte Lehre eingetrichtert worden war. Auch ich. Andere philosophische Quellen, andere Sichten waren uns als Originaltext nicht zugänglich, sondern nur in apologetischer Form.

Mit dem Amtsantritt Gorbatschows kam für jeden die Nagelprobe. Viele haben sie bestanden, doch die übergroße Mehrheit nicht.

Änderungsversuche am System aber mußten in der DDR wie anderswo scheitern, solange die sowjetische Führung die Machtstrukturen der SED bei aller kritischer Distanz aus machtstrategischen Gründen am Leben erhielt. Sie tat das viel zu lange, was auch zu Gorbatschows Scheitern wesentlich beitrug.

Die Mitarbeiter der »Führungsetage« des Politbüros und des Parteiapparates hatten seit 1985 neue Ausgangsbedingungen für Veränderungen, im Jahre 1987 etwa mit dem Ideologiepapier und im Spätsommer/Frühherbst 1989, als zwei Schwerstkranke die Führung der Partei nur noch symbolisierten. Sie hatten Chancen und – nach dem Statut – sogar die nötigen rechtlichen Grundlagen und Verpflichtungen! Sie hätten durch Verweigerungshaltungen, das Zusammenführen reformwilliger Kräfte, ein gesundes Verhältnis zur eigenen Parteibasis und vernünftige Beziehungen zu den Bürgerbewegungen die Möglichkeit gehabt, die Wende bewußt und aktiv mitzugestalten. Sie haben diese Chance aus unterschiedlichen Gründen vertan. Sie tragen somit eine große Mitverantwortung an Art und Weise des Zusammenbruchs der DDR, des Zerfalls ihrer Partei und das überhastete Hineinstolpern in die Wiedervereinigung, die als sorgfältig ausgesteuerter Prozeß Regierten und nun Regierenden eine bessere Situation in Deutschland als die derzeitige hätte bringen können. Nicht die Konterrevolution war am Ausgang der Ereignisse im Herbst 1989 schuld, sondern die reaktionär-konservative Haltung der Politbüromehrheit und eines großen Teiles des Parteiapparates. Sie verhinderten ein Fortschreiten, ohne das Fortschritt nicht möglich ist. Sie tragen Verantwortung dafür, daß feige-opportunistische Kräfte unbequem-kreativen stets vorgezogen wurden, daß durch die Praxis der Säuberungen aus der Fülle hochgebildeter und kompetenter Parteifunktionäre niemand in eine Position gelangte, von der aus er das Steuer hätte herumreißen können. Bei Hofe hielten Senilität, Charakterlosigkeit, Dummheit und Eifererertum Einzug.

So habe ich volles Verständnis für jene, die in der Schiedskommission der SED/PDS den Parteioberen, die sich hier politisch zu verantworten hatten, ins Gesicht schrien: Ihr habt ein Land zu Grabe getragen und ein Ideal! Ihr habt als Verantwortungsträger der Sache der Linken in der Welt auf lange Zeit unvorstellbaren Schaden zugefügt!

An den Schwächen jenes Systems, das es ihnen ermöglichte, so lange ohne demokratische Kontrolle an der Macht zu bleiben, sind sie nicht schuld. Man hatte ihnen die Macht geliehen. Als es sich der Verleiher der Macht anders überlegte, war es mit ihrer Macht aus.

Die Entwicklung danach ist von den ehemals Verantwortung Tragenden in hohem Maße mitverschuldet. Modrow als zeitweiligem Konkursverwalter hinterließen sie ein Erbe, das ihm keine Chance mehr ließ. Die DDR hätte würdiger in den Prozeß der deutschen Einheit gehen können, als Partner, nicht als Verlierer, der sich nur noch anzuschließen hatte.

Was nun eingetreten ist, wissen und spüren wir: Die Abwärts-, Abbruch-, Abwicklungs-, Entlassungs- und Schließungsentwicklung nach der Wende in Ostdeutschland fährt »eine ganze Generation in den sozialen und menschlichen Orkus«, schrieb Pfarrer Schorlemmer am 17. Juli 1992 im »Tagesspiegel«. »Um vierzig Jahre in der Diktatur Betrogene fühlen sich nun in der Demokratie als Belogene.« Das ist gewiß richtig. Anstelle solcher Menschenrechte wie des Rechts auf bezahlte Arbeit und gesichertes Wohnen haben wir nun die Freiheit des Reisens, der bürgerlichen Demokratie (mit all ihren Schwächen), Redefreiheit (nicht ohne Einschränkung). Vor dem Grundgesetz ist jeder gleich, heißt es, aber die einen sind gleicher. Die Ostdeutschen sind es noch sehr lange nicht. Von Einparteien- und Blockflötenherrschaft befreit, sehen sie sich der unsichtbaren Macht des Geldes, der Banken gegenüber. Ohne gesicherte Existenzgrundlage nutzt alle Freiheit nichts. Die neuen Strukturen und bürokratischen Apparate erscheinen noch weniger transparent als früher. Die Ossis werfen den Wessis vor, nach den Festtagsreden der Erstbeglückung die Kunst des Teilens nicht zu mögen. Ihr Selbstbewußtsein beginnt erneut zu erwachen, aber wohin führt das?

Geht es wirklich um den »neuen« sozialen Gegensatz von Ost und West, oder geht es um den alten Gegensatz von »Oben« und »Unten«, um den Graben zwischen jenen, die gut oder sehr gut verdienen, und jenen, die wenig oder ganz wenig verdienen? Das ist aber eine gesamtdeutsche Angelegenheit, eine gesamteuropäische, eine weltweite. »Zweidrittelgesellschaft«, »umgekehrte Zweidrittelgesellschaft«, »Ein-Fünftel-Herrschaft« – solche Termini stehen hierfür. Sie sind in den Ländern des Kapitalismus, der nun weltweit gesiegt hat, längst gängige Begriffe. Auch die Ostdeutschen werden bald ihre Millionäre haben, aber auch viele Armenhäuser.

Es geht also um etwas, worum die »Linke« in den kapitalistischen Ländern schon lange streitet, auch die in der früheren BRD: Wie ist das Projekt, den Kapitalismus zu überwinden und eine menschlich gerechtere Gesellschaft zu verwirklichen, erfolgreich anzupacken? 1917 und alles, was danach an antikapitalistischen Versuchen kam, halten einer kritischen Bestandsaufnahme nicht stand. Die Sozialdemokratie erreichte zusammen mit den Gewerkschaften sukzessive wesentliche soziale Verbesserungen, doch dort, wo sie an der Macht war oder ist, unterscheidet sich ihre Politik im Grundsatz nur unwesentlich von der konservativ-bürgerlicher Kräfte. Der Kapitalismus, so der französische Philosoph Lucien Séve, entfaltet seine traditionellen Antagonismen immer weiter. Arbeitslosigkeit, soziale Ungleichheit, Niedergang der Dritten Welt, zunehmender Hang zur Gewalt, neuartige Entfremdungseffekte setzen die Existenz der Menschheit und jede optimistische Zukunftsperspektive aufs Spiel. Überall verlieren die bestehenden Parteiensysteme und Ideologien an Einfluß, die fundamentalistischen ausgenommen. Unzufriedenheit und Ungeduld bringt die Menschen näher. Dem weit verbreiteten Hang zum Fatalismus steht das Streben der Ungeduldigen entgegen. Doch über ihren konstruktiven Weg einer überzeugenden alternativen Aufbauleistung ist die »Linke« zerstritten.

»Neu beginnen« könnte heißen, das Verhältnis von Partei und Bewegung, die Formen neuartiger Politikbildung zu überdenken. Eine sorgfältige Analyse des gescheiterten Systems und eine kritische Bestandsaufnahme des erfolgreicheren müßten wohl am Anfang stehen.

Sachkompetente Wissenschaftler sollten mehr Gehör finden und abseits jeglichen parteitaktischen Kalküls den Menschen ihre Lage, ihre Bedrohungen, aber auch ihre Überlebenschancen erklären.

Die Genugtuung über den Untergang des »realsozialistischen« Systems sollte die Sicht auf die dringende Lösung längst anstehender Lebensfragen der kapitalistischen Gesellschaft nicht länger versperren. Die Menschen sollten sich ihrer Macht bewußt werden und sie konstruktiv einbringen, damit sie nicht endgültig zu Ohnmächtigen werden, wie so unzählige Generationen vor ihnen, gerade auch die unsrige!

Das Ende eines Experiments

Umbruch in der DDR und deutsche Einheit

Hrsg. von Rolf Reißig
und Gert-Joachim Glaeßner

375 Seiten Pappband
29,80 DM
ISBN 3-320-01738-1

War die gesellschaftliche Umwälzung im Herbst 1989 in der DDR tatsächlich eine Revolution? Hat die Gesellschaft der alten Bundesrepublik die deutsche Einheit wirklich gewollt? Gab es eine DDR-Identität? Sind die Ostdeutschen konservativer als die Westdeutschen? Gibt es in 40 Jahren DDR Gewachsenes, was im vereinten Deutschland erhalten bleiben sollte? Auf diese und zahlreiche weitere Fragen versuchen Sozialwissenschaftler aus Deutschland Ost und Deutschland West eine Antwort zu geben. Bewußt werden einige Themenkomplexe sowohl aus »östlicher« als auch aus »westlicher« Sicht behandelt. Dies bietet dem Leser die Chance, Gemeinsamkeiten und Unterschiede in den Wahrnehmungen und Einschätzungen der Autoren auszumachen. Somit stellen die Beiträge des Buches ein Angebot zur Diskussion dar, sie sind weit davon entfernt, fertige Urteile präsentieren zu wollen.

Dietz Verlag Berlin

Weydingerstr. 14–16
O-1020 Berlin

Ludwig Elm

Nach Hitler. Nach Honecker

Zum Streit der Deutschen
um die eigene Vergangenheit

Reihe Wissenschaft
208 Seiten · Broschur · 19,80 DM
ISBN 3-320-01761-6

Der Umbruch im Herbst 1989, das plötzliche Ende der DDR und die Entstehung eines größeren deutschen Staates am 3. Oktober 1990 haben intensive Kontroversen um die Geschichte der Deutschen seit 1871 und insbesondere in diesem Jahrhundert ausgelöst. Dabei kehren Vergleiche zwischen den radikalen Zäsuren von 1945 und 1989/90 in äußerst unterschiedlichen Sichtweisen immer wieder. Die Erörterung erfaßt alle Gebiete des gesellschaftlichen Lebens. Sie berührt Grundfragen des geschichtlichen, sozialen und politischen Selbstverständnisses des vereinten Deutschlands und seiner Bürger. Ihre Resultate münden in die politische Kultur dieses Landes und in die Gestaltung seines Verhältnisses zu Europa und der Welt.

Die vorliegende Studie ist als Diskussionsbeitrag in diesem Diskurs konzipiert, der über die deutschen Grenzen hinausreicht und Widerhall findet. Im Mittelpunkt stehen vergleichende Betrachtungen zur subjektiven Bewältigung von Vergangenem durch die Deutschen und Überlegungen zu aktuellen Totalitarismusauffassungen, zur Beurteilung des „realen Sozialismus" und zum Spannungsverhältnis von Politik und Moral.

Dietz Verlag Berlin

Weydingerstr. 14–16
O-1020 Berlin